이중 감동

이중 감동
하나님 나라 역동성을 기록한 변혁의 실제

초판 1쇄 인쇄 2025년 11월 3일
초판 1쇄 발행 2025년 11월 10일

지은이	임교신
발행인	강영란
사업총괄	이진호
발행처	샘솟는기쁨
주소	서울시 중구 수표로2길 9 예림빌딩 402 (04554)
대표전화	02-517-2045
팩스(주문)	02-517-5125
홈페이지	https://blog.naver.com/feelwithcom
전자우편	atfeel@hanmail.net
편집위원	김건우
편집	박관용 권지연
디자인	트리니티
제작	아이캔
물류	신영북스

ⓒ 임교신, 2025
979-11-92794-74-7 (03200)

이 책은 저작권법에 따라 보호를 받는 저작물이므로 무단 전재와 무단 복제를 금합니다.
잘못된 책은 구입하신 곳에서 바꿔 드립니다.
책값은 뒤표지에 있습니다.

이중 감동

임교신 지음

하나님 나라
역동성을 기록한
변혁의 실제

샘솟는 기쁨

추천사

변혁의 실제, 일상 순례의 기록

　목사 후보생 시절, 신학대학원에서 함께 공부한 인연이 있다. 오랫동안 저자의 인생과 목회의 여정을 가까이서 혹은 멀리서 지켜보아 왔다는 뜻이다. 신학생 시절부터 교회의 존재 목적을 심각하게 고민했던 저자는 이 땅에 도래한 하나님 나라의 본질에 대해 많은 이들에게 질문을 던지기도 했다. 이미 학창 시절부터 대학원 선후배들 사이에 성서에 깊이 천착한 저자의 신학적 통찰은 정평이 나 있었다.

　그러한 고민과 질문들 그리고 성서를 토대로 한 신학적 사유들이 저자의 목회 열정에 하나로 어우러진 결과가 이 작품이 아닐까?! 이 책은 저자가 헌신적으로 섬겨 온 교회와 목회 여정에서 직면한 크고 작은 목회 사안들을 통해 '하늘의 뜻이 땅에서도 이루어지게' 하기 위해 취한 행보들을 주제별로 읽게 해 준다.

　작은 목자인 저자의 시선이, 그 곁에서 함께 바라보시는 선한 목자 주님의 눈길이 함께 묻어난다. 시처럼 은은하고, 에세이처럼 싱그럽다. 이 책이 더욱 아름다운 이유는 이 땅에 도래한 하나님 나라 즉 하나님의 통치와 다스림에 대한 그림자들이 하나씩 벗겨져, 삶의 무대에서 강력하고 은혜롭게 실현되는 과정과 그 열매를 사실 그대로 묘사되었기 때문이다.

그러기에 성도와 교회를 돌보며 하나님과 그분의 나라를 섬기는 데 헌신하려는 이들을 가르치는 한 사람으로서, "그렇지, 목회는 이렇게 하는 것이지!", "아무렴, 교회는 이래야 해!"라는 실제적인 긍정과 모범적인 대안을 얻기 원하는 모든 이들에게, 차분히 읽고 또 읽어 보기를 기꺼이 추천한다. **주현규 교수 | 백석대학교 신학대학원, 구약학**

따뜻한 목회자 임교신 목사님의 저서 『이중 감동』은 독특하고 매력적인 책이다. 찬찬히 읽다 보면 저자의 목소리가 글을 통해 오롯이 들려오고, 저자의 성품과 성격이 행간의 의미 가운데 소록소록 피력되며, 목회 현장에서의 희로애락이 활자를 통해 낱낱이 드러난다. 또한 교회와 목회의 신학적 본질이 예리하게 문단 사이에 가득 서려 있어 더욱 독특하고 매력적이다.

이 책은 목회자 후보생에게는 목회 매뉴얼로서의 기능을, 현직 목회자에게는 삶을 반추하게 만드는 거울로서의 기능을, 일반 성도들에게는 교회와 목회의 본질을 세밀히 들여다보게 만드는 현미경으로서의 기능을 능히 감당하고 있다. 변혁, 성장, 일상, 나눔, 소통이라는 5가지 핵심 키워드로 풀어낸 맛깔나는 이야기를 통해 '이중 감동'의 감격을 마음껏 누리게 한다.

마지막 페이지를 덮고 나면, 따스한 감동과 더불어 활기찬 도전이 전인(全人) 가득 서려지는 의미 있는 경험을 하게 될 것이다. 읽지 않을 이유를 도무지 찾기 어려운 이 책의 일독을 강력히 요청하는 바이다. **박재은 교수** | 총신대학교 신학과, 조직신학

사람을
끌어안고 있는 사람의 글은 방향성이 다르다

자기 이야기로 시작하지만,
하나님 나라와 그 나라를 살아 내는 사람들을 향한
바람이 실려 있다

그 바람이 결국
서로를 끌어안고 사는 사람들을 키워 내고야 말 것이다

서지성 목사 | 하나복네트워크 다음세대 R&D 디렉터

저자 임교신 목사님의 '목동생각'은 '목자생각'으로 바꿔도 될 듯하다. 목자의 마음이 더 자주 보인다. 목사님의 '변혁'은 따뜻하다. 옛 예배당에 남겨진 가난한 이들과 길고양이도 돌보는 모습에서, 새로운 예배당을 짓기 위한 비용보다 인도 콜카타에 병원을 먼저 생각하는 마음에서 따뜻함이 고스란히 전해진다. 목사님의 '성장'은 기대된다. 서로를 위로하고 눈물을 닦아 주는 손수건 같은 만남이 많아지

는 진짜 가족 공동체가 되어 가는 모습에서 기대가 커진다.

　목사님의 '일상'은 여유로워졌다. 혼자 감당해야 된다는 마음이 줄어들고 성도들과 함께 헤쳐 나가는 모습에서 여유를 만나고, '삶에 밑줄을 긋기 위해 책에 밑줄을 긋는다'는 말에서 여유를 보게 된다. 목사님의 '소통'은 겸손하다. 늘 배우려는 자세를 가지고 낮은 자리에 머무르려는 모습에서 예수님의 겸손이 보이고, 예수님의 소통이 그려진다.

　이 책을 읽고 나서 목사님을 만나 이야기를 나누며 북한산에 오르고 싶어졌다. 목회를 배우고, 목사가 되고 싶고, 교회를 이루고 싶은 모든 이들에게 이 책을 추천한다. **임진산 목사 | 새누리3교회 담임**

　주일 새벽 2시면 교회 사람들이 쌀을 씻고, 밥을 짓는다. 200인분의 식사 준비, 어느새 교회 앞에 노숙인들의 행렬이 길게 이어지고, 담임목사님이 낯익은 노숙인들을 맞이한다. 식사 후에는 본당에서 예배를 드린다. 노숙인 한 사람만 다녀가도 냄새가 배는데, 백 명이 넘는 노숙인들이 다녀간 본당 냄새는 상상을 초월한다. 교회가 재건축을 마치고, 새 예배당으로 입주하던 그 주일에도 동일했다. 누구도 싫은 내색을 하지 않았고, 성도들이 기꺼이 동참했다.

　임교신 목사님은 그런 분이다. 새로 등록한 장애아 어머니 심방 요청에 긴 시간, 시리고 시린 삶의 이야기를 들어 주는 분. 어려운 가정을 눈여겨보다가 쌀과 반찬을 준비해 한 아름 필요한 것들을 담아 달려가는 분. 매년 수백 명의 미혼모를 위한 핑크박스와 소외계층 쌀 나눔에 마음을 모으는 분. 교회 건축 보상금의 10분의 1을 가난한 나라 병원 선교에 사용하는 분.

어릴 적, 동네마다 존경받는 목사님이 있었다. 이제 그런 목사님을 찾기 어렵다. 기대조차 하지 않게 되었다. 그러나 '진짜' 목사님이 있다. 어릴 적 마음을 따뜻하게 해 주던 목사님이 그립다면, 존경할 목사님을 만나고 싶다면, 제일소망교회 임교신 담임목사님이 그런 분이다. 나는 물론이고, 많은 이들이 존경하는 목사님 이야기는 교회로부터 상처받은 이들의 마음을 위로한다. 교회에 희망을 거둔 이들의 마음을 돌이킨다. 내가 꿈꾸는 목사님이 계셔서 참 다행이다.

서진교 목사 | 작은예수선교회 대표, 다니엘기도회 강사, 《선한 사마리아인의 목적지》 저자

임교신 목사의 내면적, 목회적 성찰을 담은 이 책은 세상 속 그리스도인이 지향해야 할 변혁과 하나님 나라의 의미를 깊이 있게 탐구하는 영적 순례자의 모습을 만나게 한다. 바로 이 책을 추천하는 이유다.

현실과 이상 사이 간극을 예수님의 정신으로 삶에 대입하려는 실천적 열정이 담겨 있다. 교회 재건축 보상금 중 일부를 가난한 나라의 병원 건축 선교에 사용하기로 한 결정은 하나의 사건이었다. 재정이 넉넉지 않은 상황에서도 이를 수용하고 동의한 성도들의 믿음 또한 아름다웠다. 그 결정은 교회의 진정한 사명이 무엇인지 다시금 발견할 수 있게 했다. 건물이 주는 의미에 매달리지 않고 영원한 처소를 바라보게 하는 임교신 목사의 관점은 이 시대의 교회와 목회자들이 어떤 목적을 가지고 무엇을 고민해야 하는지 그 길을 보여 준다.

이 책은 한국 교회가 던져야 할 질문, 교회의 본질이 무엇인가에

응답하고 있다. 소그룹(목장)의 중요성, 외로움이 만연한 고립의 시대에 공동체의 역할, 예배 환경(강단 배경, 음향 시스템)에 대한 변화, 심지어 재개발 현장에 남겨진 길고양이에 대한 배려까지, 목회 현장의 소소한 일상 속에서 신앙의 본질을 찾아가는 따뜻하고 진정성 있는 목소리가 담겨 있다. 무엇보다, 자신을 성찰하고자 하는 목회자의 자세는 깊은 울림을 준다. 신앙과 교회에 대해 고민하는 그리스도인, 목회자, 그리고 교회 공동체에게 이 책을 추천한다. 주를 향한 순례길에 동참하게 될 것이다. **조주희 목사 | 성암교회 담임**

차례

추천사 변혁의 실제, 일상 순례의 기록 4
프롤로그 함께하신 흔적, 하나님 나라 12

PART 1 변혁
여기도 저기도 임시 처소 15

교회는 어쩌다 / 이중 감동 / 여기도 저기도 임시 처소 / 갈 길이 먼데, 고양이 생각 / 무엇을 보았는가 / 불편함을 견디는 법 / 또 다른 변화 / 기도 자리를 깔다 / 한 건물 두 교회 / 땅에 쓰신 것처럼 / 강단 배경이시다 / 정탐하라 하셨던 이유 / 할 일은 해야지 / 변화의 과정 / 이제 실전이다 / 깊은 어둠 속에서도 / 우리도 지어져 간다 / 눈물로 심는 씨앗 / 첫 번째 소망 / 인도에 도착하다 / 어디든지 카레 향 / 여기는 콜카타 / 꽃은 핀다 / 기도의 길 / 목적지 / 환대의 공동체 / 완성 / 옥상의 낭만

PART 2 성장
이 산지를 내게 주소서 67

온 가족 공동체 / 무심하게, 뭉근하게 / 교회가 교회되길 / 고기서 고기 / 이 산지를 내게 주소서 / 아름다운 기억 / 결정 / 그리운 커피믹스 / 밥 한번 먹자 / 나의 최측근 / 손수건 같은 만남 / 여유를 생각하다 / 청구성심병원 / 고립의 시대 / 팀 경영의 지혜 / 아파야 배우는 것들 / 빙수 한 그릇 / 휴가를 다녀오다 / 신앙 전수 / 이끄미와 따르미 / 어르신 심방 / 짝 기도 / 인생 2막 / 뭉쳐야 찬다 / 냉동 방석

PART 3 일상

과거는 미래의 서막입니다 115

광야를 찾다 / 겨울 산 / 신앙의 뿌리 / 거절할 용기 / 나의 산성 목사님 / 강렬한 기억 / 달동네의 겨울 / 몇 초 기다리면 될 것을 / 한 걸음씩 꾸준하게 / 고향 한 바퀴 / 작품을 만나다 / 나의 아저씨 / 아이가 행복한 세상 / 야구의 교훈 / 위험해야 안전하다 / 시인과 논리학자 / 여전한 이들 / 걷는 즐거움 / 노포가 좋다 / 용량 비우기 / 반지 소동 / 미나리 / 몸으로 배우는 삶 / 미래의 서막 / 북한산 / 열정의 회복

PART 4 나눔

이미 임한 하나님 나라 165

하얼빈 / 칼바람에 사발면 / 삶에 밑줄을 긋자 / 믿음이 이어지는 일상 / 목사 타이틀 내려놓고 / 찾는이 / 소음 / 오대산 선재길 / 갈비탕 심방 / 복음이 새롭게 한다 / 핑크박스 / 초롱초롱한 눈동자 / 쌀 배달 / 더불어 숲을 이루다 / 어떻게 전하는가 / 세례식 / 그 열정 그 수고 / 안식일은 저항이다 / 다니엘의 샘 / 평촌역에 가는 이유

PART 5 소통

예배자로 부르신 삶 203

한 사람을 세우는 기쁨 / 매일성경 / 세상을 바라볼 수 있어야 / 남겨 놓기 / 얼마나 아프실까 / 부글부글 / 본연의 자신 / 낮은 곳으로 / 삯꾼의 경계에서 / 예배 펑크 / 조회수 / 예수의 흔적 / 단순함 / 밥 익는 시간 / 일상의 소중함 / 겸손나무 / 예상하지 못한 기도 / 바람길 / 진리에 대한 식욕 / 어부의 기도 / 아는 만큼 전한다 / 나는 예배자입니다 / 잠언, 욥기, 전도서 / 사사기의 인간 / 빚진 마음으로 / 통합된 인격 안에서

프롤로그

함께하신 흔적, 하나님 나라

누구에게나 과도기가 있습니다. 새로운 상황으로 이동하거나 변화하는 중간 단계에서는 불안정하고 혼란스럽습니다. 코로나와 지역개발로 인한 철거와 임시 처소 기간, 예배당을 건축하는 시간은 과도기였습니다. 불안했고 걱정이 많았습니다. 지난 글을 읽으면서 그때의 감정이 다시 떠오릅니다. 애굽에서 광야로, 광야에서 가나안으로, 가나안에서 바벨론으로 포로지에서 예루살렘으로 끊임없는 과도기를 보낸 이스라엘 백성의 삶과 비슷한 경로입니다.

새 예배당에 들어왔습니다. 이젠 소음이 들리지 않고, 먼지가 보이지 않는 목양실 창문 밖으로 수리산이 보입니다. 목양실 문을 열면 바로 식당입니다. 주방에서는 음식을 만들고, 주일이면 노숙인이 아침 식사를 하고, 점심에는 성도들이 밥을 먹으며 대화를 나누는 곳입니다. 컵라면과 커피를 비치해 놓아서 누구든지 먹고 마시고 대화를 나누도록 문을 열어 놓았습니다.

　목회는 여전히 낯선 분야입니다. 어느덧 익숙하고 자신감이 차 있을 만한데, 갈수록 잘 모르겠습니다. 하나님은 힘을 더하기보다 빼시는 것 같습니다. 20대 사역 초반에는 중고등부 학생들에게 도전을 주고자 '21세기는 우리의 밥이다!'라는 구호를 만들기도 했는데 고개를 숙이는 날이 더 많아졌습니다.
　설교문을 작성하고 '목동생각'을 쓰면서 생각을 정리하곤 했습니다. 글을 쓰면서 주일을 맞이하는 삶을 살아왔고, 또 그렇게 살아갑니다. 생각이 정리되어 쓰는 것이 아니라 쓰면서 생각이 정리된다는 사실을 배웠습니다.
　목양은 전문가가 나올 수 없는 분야임을 알게 됩니다. 그래서 여전히 과도기를 보내고 있습니다. 두려움과 혼돈 중에서 생각을 정리하고 의미를 탐구합니다. 어떤 선택을 한다기보다 보여 주시는 대로 한 걸음씩 나아갑니다. 주어진 대로 살고 들려주시는 대로 전합니다. 그 하루가 모여 역사가 되고, 하나님의 시간 속에서 우리가 작품이 되어 있을 것을 기대합니다.

　책을 내는 일은 참 막연한 일인데, 도서출판 샘솟는기쁨 강영란 대표님이 여러 제안을 주셔서 용기를 내었습니다. 불안하고 외로웠을 때 함께 나누던 이야기가 하나님이 함께하신 흔적이 되었습니다. 그 자리를 함께 걸어가며 함께 격려하는 성도들에게 감사하고, 하나님 나라 복음으로 연대한 동지들을 생각하면 든든합니다. 책 출간을 허락해 주신 당회원들과 추천사를 써 주신 분들에게 감사의 마음 전해 드립니다. 예상하지 못한 어려움이 있었지만 각자의 자리에서 극복해 가며 새로운 길을 걷는 아내와 아이들에게 고마운 마음 가득합니다. 이 책을 읽는 분들에게도 샘솟는 기쁨이 함께하기를 기도합니다.

수리산이 보이는 목양실에서
임교신 목사

일러두기

이 책은 연재 주보칼럼(2021~2022)을 재구성하여 기획·집필하였습니다.
단행본은 《 》, 그 외 단편, 영화, 음악 등은 〈 〉로 표기하였습니다.
성경은 개역개정을 사용하고 필요한 경우 따로 표기하였습니다.

PART 1 　변혁

여기도 저기도 임시 처소

하나님께서 갖고 계신 많은 것을 교회는 갖고 있지 않고,
교회가 가진 많은 것을 하나님께서는 갖고 계시지 않다.
더글라스 존 홀

교회는 어쩌다

가끔 이문세 노래를 듣는다. 거의 모든 노래가 좋지만 1988년에 발표된 〈광화문 연가〉가 특히 좋다. 들을 때마다 묻혀 있던 감성이 일어난다.

> 이제 모두 세월 따라 흔적도 없이 변하였지만/ 덕수궁 돌담길엔 아직 남아 있어요/ 다정히 걸어가는 연인들/ 언젠가는 우리 모두 세월을 따라 떠나가지만/ 언덕 밑 정동길엔 아직 남아 있어요/ 눈 덮인 조그만 교회당

광화문에서 덕수궁까지 걸어가면 정동길이 시작된다. 연인들의 데이트 코스로 유명하지만 역사를 한참 거슬러 올라가면 구한말 정치 외교 문화의 중심지이기도 했다. 선교사들이 이곳 조선 땅에 들어와 헐벗고 굶주리고 병든 이들을 위해 병원과 학교를 세우고, 그들에게 하나님의 사랑을 나눠 주며 교회를 세웠다.

노랫말 속 '언덕 밑 정동길'에 아직 남아 있는 조그만 교회당은 정동교회가 아닌가 싶다. 2010년 백수 시절, 정동에 있는 성공회 미사와 정동교회 예배에 몇 차례 참여하면서 전통과 아름다움을 맛보았다. 시대와 역사의 아픔을 보듬고 이어 내려온 흔적과 전통은 자부심이 되었다. 생각만 해도 아름답다.

하지만 오늘날 교회는 아름답지만은 않다. 간혹 뉴스에 교회발 기사라도 뜨면 가슴이 철렁한다. 혹여나 충격적인 사건이 아닐까 싶

어 말이다. 어쩌다 교회는 이 지경이 되었을까. 교회는 과연 무엇이고, 교회가 아닌 것은 무엇일까.

수요일 성경 공부를 인도하기로 하면서 주제를 '교회'로 잡기로 했다. 모든 일을 근원부터 자세히 살펴 차례대로 나누는 것이 좋은 줄 알아 그렇게 결정했다. 굳이 필요 없는 것을 덜어 내고, 꼭 필요한 것을 담아내는 지혜가 필요한 시대다.

> 하나님께서 갖고 계신 많은 것을 교회는 갖고 있지 않고, 교회가 가진 많은 것을 하나님께서는 갖고 계시지 않다. 더글라스 존 홀, 《그리스도교를 다시 묻다》

이중 감동

교회 있던 자리가 재건축 계획에 포함되면서 우리 교회도 새 예배당을 짓게 되었다. 자연스레 이런저런 과정을 두고 기도할 일들이 많아졌다. 이른 아침 기도를 마치자마자 교회 뒷산에 올랐다. 조용히 산길을 걷는데 하나님이 이렇게 말을 걸어오신다.

"얘야, 건축 보상금 예배당 짓는 일에 다 사용할 거니?"

큰일을 앞두고 하나님의 마음을 헤아려야 했다. 어쩌면 당연하게 생각한 것이 당연하지 않을 수도 있었다. 내 안에 이런 생각이 들었다. '보상금 십분의 일은 하나님이 기뻐하는 일에 사용하는 것이 좋지 않을까?' 이러한 감동이 충동적 감정인지 하나님의 뜻인지 분별해야 했다. 산을 내려가 기도하는 시간을 가졌다.

교회 건축 관련 영상을 참고하며 하루 종일 건축 단가 평균치를 기준으로 건축에 필요한 비용을 계산해 보았다. 앞으로 들어올 수입 지출 부분을 고려하여 계산한 내용을 간추려 보았는데, 예정된 건축 보상금은 그리 넉넉한 금액이 아니었다. 그렇지만 모자라고 부족할 때 더 하나님께 의존하며 그분이 하실 일을 기대할 수 있지 않겠는가.

어느 정도 확신을 가졌을 때, 용기를 내어 장로님들에게 이야기했다. 사실 부담스러운 제안이었고 특히 재정 담당 장로님에게는 더 그랬을 텐데, 장로님들은 현실보다 큰 이상을 보려고 했다. 당회에서 논의하는 과정은 시간이 걸렸지만 놀랍게도 모두 동의해 주었다. 그 다음 성도들이 참여하는 공동의회를 개최하였고, 조합과의 협의 사항을 보고하는 자리에서 이 내용을 모두 공유할 수 있었다.

공동의회는 현장 참여를 우선으로 한다. 다만 사회적 위기 상황이나 천재지변, 재난 등 개인의 어려움을 포함하는 여러 상황 때문에 참석하지 못하는 경우 '밴드 라이브'를 통해 실시간 시청과 질문이 가능함을 공지했다. 여러 의견을 주고받으면서 건축 보상금 관련 제안에 동의하는 방향으로 회의가 진행되었다. 물론 다른 이견이나 고견도 신경 써야 했다.

우리 교회는 그렇게 건축 보상금의 십분의 일을 가난한 국가의 병원 짓는 일에 사용하기로 했다. 수년 전 캄보디아에서 가정 방문을 했던 기억이 난다. 합병증으로 고생하는 아주머니를 만났는데, 사정을 들어 보니 혈압약 하나면 간단히 해결될 증세였다. 어디 그뿐인가. 예방접종을 하지 못한 많은 아이들이 병들고 죽어 가고 있었다.

우리 교회 예배당이 건축되는 과정에서 가난하고 병든 이들을 기억하고 싶었다. 의미 있는 건축 과정이길 바라는 기도이기도 했다. 언제나 그랬지만, 하나님은 참 현실적이지 않은 감동을 주신다. 산에 오르다가 또 감동을 주시면 어쩌나 하는 생각이 들 정도로 말이다. 성도들은 병원을 짓는 데 동의했다. 예상하지 못한 감동을 주시는 하나님, 그 감동을 수용하여 받아들이는 성도들. 내겐 이중 감동이었다. 참으로 멋진 일이다.

여기도 저기도 임시 처소

재개발조합 대표와 최종 합의를 마쳤다. 조합에서 토목공사를 하지 않는 땅에 가건물을 지어 주기로 했는데, 상황이 여의치 않았다. 당장 허물지 않는 대교보신탕 건물의 4층 전부와 5층의 절반, 그리고 옥상을 임시 예배 처소로 사용하기로 했다. 최소한의 보수공사를 마치면 그곳으로 이사해야 한다. 지금 사용하는 교회 건물은 곧 허물어질 것이다.

대부분의 재개발 구역에 펜스가 올라갔고, 거의 철거가 진행된 상황이었다. 임시 처소로 이사 가면 본당과 교육관, 주방과 부서 예배실 모두 협소해진다. 따로 주차장이 없을뿐더러, 주변이 다 공사 현장이고 덤프트럭이 자주 드나들었다. 위쪽으로는 외곽순환도로가 지나고 건너편은 평촌어바인 아파트 4천 세대 입주를 앞두고 있어서 어수선했다. 오가는 성도들이 많이 불편할 것이다.

그럼에도 이사 준비를 해야 한다. 가져가야 할 것과 버려야 할 것을 구별해야 하는데, 30년 동안 지낸 교회 건물에서 나가려니 성도들과 함께 누렸던 공간의 추억이 먼저 밀려왔다. 마음껏 모여서 예배드릴 수 없는 상황이라 이사의 아쉬움이 컸다.

임시 처소에 많은 돈을 투자할 수도 공을 들일 수도 없다. 1년 후에는 허물어질 건물이었다. 최소한의 것이 무엇인지 장로님들과 관리팀에서 고민을 할 수밖에 없었다. 그렇다고 허투루 그 시간을 보낼 수도 없다. 열악한 상황일지라도 신앙은 계속되어야 하고, 예배는 여전히 예배이고, 교육은 여전히 교육이어야 했다.

불편한 건물에서 잘 지내며 오히려 생산적인 시간이 되기를 기도했다. 불편함을 견디는 힘은 소망에서 나온다. 주변 환경이 새롭게 변화되고, 새로운 거주자들이 찾아오고, 새 만남을 기대하고 있기에 인내하는 과정도 의미가 있을 것이다.

우리에겐 신축 건물 또한 영원한 것이 아니다. 그 또한 임시 처소. 여기도 저기도 임시 처소에 불과하다고 생각하니 마음이 편해졌다. 영원한 처소를 바라보며 임시 처소를 살아 내야 한다. 과연 재개발이 될까? 언제 될까? 어떻게 될까? 그동안 고민하며 수없이 많은 생각을 했는데 이제야 실감 난다.

오늘의 안양은 재개발이 한창이다. 30여 곳이 넘게 재개발 진행 중이어서 곳곳에 공사 중 안내문이 보인다. 그럼에도 시간은 묵묵히 흐르고, 대지는 새로운 계절로 옷을 갈아입는다. 추운 겨울을 지나 이사하니 감사하기만 하다.

> 그들이 이제는 더 나은 본향을 사모하니 곧 하늘에 있는 것이라
>
> 히 11:16

갈 길이 먼데, 고양이 생각

1년 전 동네 주민들이 다 떠난 빈 동네, 고양이가 남겨졌다. 동네 사람들이 있을 때는 예배당 주변에 고양이가 많이 눈에 띄었는데 한 마리만 남은 듯했다. 언제부터인가 교회 사무실에서 집을 만들어 주고 사료와 간식을 주게 되었다.

현장 예배가 시작되면서 고양이 집을 뒤쪽으로 옮겼다. 고양이는 주차장 현관에 쪼그리고 앉아 있기 일쑤여서 성성미 목사님과 간사님이 열심히 챙겨 주었다. 출근할 때, 아주 가끔 고양이를 마주치면 나도 간식을 챙겨 주면서 물끄러미 고양이를 바라보곤 했다. 그러다 문득 걱정이 되었다. 고양이는 예배당이 철거되면 어디로 갈까?

주변에 건물 해체 작업이 한창이었다. 누군가 삶을 의탁했던 장소가 굉음 소리와 함께 허물어진다. 정든 골목길도 없어진다. 그러다 예배당으로 오는 출입구가 막혔다. 아직 성도들이 오가는 길이었는데 사전 통보도 없이 일방적으로 막아 버렸다. 말문이 막히고 화가 치밀어 올랐다. 겨우 사람이 출입하기는 했지만 차량이 들어오지 못하는 상황이 벌어졌다. 며칠째 애꿎은 교역자들과 택배 아저씨가 고생이다.

이런 와중에도 해체 작업하는 일꾼들을 위해 커피와 간식을 드리

자는 교역자들의 제안을 듣고 나서 얼마나 마음이 따뜻해졌는지 모른다. 긴장 관계가 형성되기도 했지만 일상에서 위로가 되었으면 좋겠다. 애초에 우리는 적이 아니다.

전쟁 영화를 보면 인간의 심리가 고스란히 드러난다. 내가 먼저 죽이지 않으면 죽어야 하는 처절한 상황에서 두려움과 불안, 죄책감으로 뭉개진 인간의 실존을 전쟁 같은 일상에서도 맛본다. 왜 말로는 안 될까? 왜 서로 믿을 수 없을까? 법과 소송과 내용증명과 변호사 없는 세상에 살고 싶다.

합의를 잘 한 줄 알았는데 이루어진 것이 없고, 여러 변수가 튀어나오기도 했고, 누군가를 신뢰할 수 없는 마음도 들었다. 아직 갈 길은 멀고 마음이 복잡한데 나는 왜 고양이 걱정이나 하고 있을까? 고양아, 정말 너는 어디로 갈 거니?

무엇을 보았는가

나이를 가늠할 수 없었다. 정신이 온전하지 않아 보이는 한 남자, 혼자 무슨 말인가 계속 중얼거리는 다 큰 아들을 데리고 찾아오는 늙수그레한 아버지가 있었다. 이따금 주일 오전 7시쯤 교회를 찾아와 도시락과 2천 원이 든 봉투를 받아 가곤 했다.

어디서 오는지 묻자, 서울에서 온다고 해서 놀랐다. 꼭두새벽 서울에서 지하철을 타고 범계역에서 또 한참 걸어오는 아들과 아버지에게 주어지는 도시락 두 개와 간단한 물품, 그리고 4천 원이 실제로 얼마나 도움이 될까 싶어 가슴이 먹먹했다. 이거 받으려고 힘들게 여기까지 오는 것이다. 삶은 이렇게 힘겨운 것인가.

혹시 교회가 이사 간 후 찾아오지 못할까 봐 임시 처소 자리를 자세히 설명해 주었다. 그리고 서로 의지하며 걸어온 이 길, 걸어갈 그 길이 조금 더 오랜 시간 이어지기를 바라는 마음으로 사진을 찍어 두었다.

수줍게 올라온 태양이 온 동네를 환히 비추는 주일 아침, 재개발 지역의 건물들이 부서져 내리고 골목길이 사라졌지만, 이제 멀리서 오가는 이들의 분주한 발걸음이 훤히 보인다. 팬데믹 시절에 뜨겁게 이어졌던 노숙인들의 발걸음은 우리에게도 특별한 위로가 되었다. 노숙인들과 함께 예배드리지 못하는 상황이 많이 아쉬웠지만 도시락과 물품을 건네며 안부를 묻고, 돌아가는 모습을 바라볼 수 있어 다행이었다.

며칠 후에는 이곳을 떠나야 한다. 2003년 겨울, 영민이 형과 함께 전철을 타고 범계역 6번 출구에서 경수대로를 따라 처음 밟았던 호계동 골목길. 비록 어두컴컴한 길이었지만 사람 냄새나는 첫인상을 그대로 간직한 채 20여 년 가까이 흐르면서 갖가지 추억을 남겼다. 그 기억을 곱씹으며 들려오는 찬양이 내 마음을 어루만진다.

> 내가 걸어온 이 길에 그분의 흔적이 남기를/ 나는 소망해 내 삶에 그 이름 남기길/ 나의 뒷모습 속에서 그분의 뒷모습 보이길/ 나는 기도해 그렇게 그분이 보이길/ 나의 소망은 나의 바람은 늘 항상/ 내 사랑하는 그분의 그림자로 늘 남는 것/ 나의 도움과 나의 선행은 숨겨져 가고/ 그분의 크신 사랑만 늘 나보다 기억

되길 시와 그림, 〈나의 소망〉

그동안 함께 걸어온 이 길에 우리는 무엇을 남겨 왔을까. 우리 뒷모습에서 사람들은 무엇을 보았을까. 수북이 쌓인 건물의 잔해물처럼 예배당이 허물어졌을 때, 우리는 무엇을 기억할 수 있을까.

불편함을 견디는 법

오랜만에 향산교회를 방문했다. 예배 후 신은성 목사님과 대화하다 자연스레 건축 이야기가 나왔다. 지역 재개발 과정에서 향산교회는 40평 규모의 공간 두 층을 임시 처소로 사용하고 있었는데, 계약하고 나서 어떻게 지내나 막막했다고 한다. 40년 넘도록 천 평 되는 대지에 있다가 80평 규모의 공간으로 들어갔으니 얼마나 갑갑했을까. 그런데 오히려 그곳에서 큰 은혜를 누렸다고 한다.

첫 번째 은혜는 공간이 좁아지니 목사와 성도 사이에, 그리고 성도들 간에 밀착도가 생겼다. 두 번째 은혜는 오후 예배를 지속해서 드릴 수 있었다. 주방도 식사할 공간도 없다 보니 삼삼오오 각자 싸온 도시락을 먹은 다음 오후 예배를 드렸는데, 덕분에 식사가 중단된 시기에도 멈춤 없이 예배를 이어 갈 수 있었다.

목사님의 이야기를 들으며 주어진 상황과 환경에 불편한 점이 많더라도, 여러 장점을 누릴 수 있는 새로운 길이 열릴 수 있다는 생각이 들었다. 모든 일에는 다 양면성이 있다. 어느 쪽으로 생각을 전환하느냐가 중요하다.

우리 교회 임시 처소로 사용할 건물 보수공사가 시작되었다. 이를 위해 교역자들과 여러 차례 논의했다. 그동안 사용했던 것보다 공간이 많이 줄어들기 때문에 모든 사람이 불편함을 감수해야 하는데, 최선의 길이 무엇인지를 결정해야 한다.

인근의 주사랑교회도 같은 건물을 사용하기로 되어 있기에 앞으로는 두 교회가 협의해야 할 일이 많을 것이다. 같은 지역의 두 교회가 한 건물에 있으면서, 또한 건너편 건물에 들어올 언약교회와 함께 지역을 위해 기도하고 서로 보살핀다면 동네 교회가 함께하는 좋은 기회가 될 거라 생각한다. 마침 유발 하라리의 《21세기를 위한 21가지 제언》을 읽는데, 딱 내 마음으로 다가온 문장 하나.

> 스위스에 사는 사촌과 이야기하기는 어느 때보다 쉬워졌는데,
> 아침 식사를 할 때 남편과 대화하기는 더 힘들어졌다.

부끄럽게도 그동안 가까운 동네 교회임에도 멀게만 생각했다. 앞으로 같은 지역을 섬기며 연합하고 격려한다면, 좁은 공간의 불편함을 견디는 힘이 조금은 생기지 않을까.

또 다른 변화

이사 날짜는 2021년 4월 19일이었다. 조율하고 합의할 일이 많아

쉽지 않은 결정이었는데, 이제 날짜에 맞춰 움직여야 한다. 날마다 굉음이 여기저기 늘어나고 건물 잔해는 잔뜩 쌓여 갔다.

교역자들도 그렇고 나 역시 어수선하기는 마찬가지다. 목회 상황이 분산될 수밖에 없어 더욱 집중력이 떨어진 나로서는 살펴야 할 것이 많았다. 이사 준비하느라 더 정신이 없어서 그런지 필요한 물건을 어디에 두었는지 기억이 나지 않는 경우가 종종 있었다.

아직 익숙하지 않고 정이 들지 않은 임시 처소. 말 그대로 '임시' 사용할 공간이어서 최소한의 보수공사만 해야 했지만, 매일 오가며 진행되는 공정을 보면서 성도들과 함께 만들어 갈 새로운 장면을 상상했다.

조합은 조합대로, 건설사는 건설사대로, 교회는 교회대로 각각 입장이 있다. 수많은 사람의 이해관계가 얽힌 거대한 사업 한복판에서 여러 가지 일들이 결정되고 진행되는 것 자체가 신비롭다. 임시 처소 옥상에 올라가면 한참 공사가 진행 중인 재개발 지구가 훤히 보인다. 외곽순환도로에는 차가 바삐 지나다니고, 바람은 시원하게 불고, 산은 이미 초록색 옷으로 갈아입었다.

이제 정든 예배당을 떠나야 한다. 병풍처럼 품어 준 뒷산은 사계절의 변화를 분명히 알려 주었다. 초록빛이 일어나는 봄은 신선했고, 아카시아 향은 그윽했으며, 장미는 강렬했다. 단풍이 들어도 아름다웠고, 눈이 오면 그림이 되었다. 새벽기도 후 들었던 새소리도 정겨웠는데 이제 모든 것을 접어 두어야 한다.

낯선 건물에서 이어 가야 하는 목회의 길. 새롭게 만날 공간은 어떠할지, 어떤 일이 주어질지, 누구를 어떻게 섬겨야 할지, 우리 성도들은 그 모든 변화를 어떻게 받아들일지 많은 것이 궁금하다. 격변하는 세상에서 우리 교회는 또 다른 변화의 길을 마주하고 있다.

분주하지만 여유롭게, 복잡하지만 단순하게, 낯설지만 새롭게 이 길을 걷고 싶다. 그윽한 아카시아 향을 가져가지 못하는 것은 못내 아쉽다.

기도 자리를 깔다

드디어 이사하는 날이다. 토요일부터 교육관에 있는 짐과 성가대실과 소망센터에 있는 짐을 옮기고, 주일예배 후에 주방 시설과 각종 비품을 옮겼다. 월요일이 되어서야 모든 성구와 교역자 사무실 및 목양실에 있는 짐을 옮길 수 있었다.

임시 처소 공간이 넉넉하지 않은 탓에 많이 버리기도 했지만 물건이 산더미처럼 쌓였다. 빈 공간을 찾아 선반을 만들면서 정리하고, 텅 빈 예배당을 다시 찾은 화요일 오후, 혹시나 해서 둘러보았다. 아무도 없는 예배당, 강대상은 물론 성구와 갖가지 물건이 빠져나간 예배당은 적막이 감돌았다.

미처 챙기지 못한 짐이 보였다. 버려야 할 물건과 가져가야 할 물건에 대한 기준이 서로 다를 때가 있는데, 소통이 제대로 되지 않아 가져오지 않아도 될 물건을 가져오고 가져와야 할 물건을 빠뜨리기도 했다. 목양실과 교육관을 둘러보면서 빠진 물건을 챙겼다.

어두컴컴한 지하실에서 핸드폰 불빛을 비추며 방석 중에 두툼하고 상태가 괜찮은 것을 골랐다. 예배당 이전 과정에서 듣게 된 성도의 아픔 때문에 시간을 정해 기도하기로 했는데, 방석이 동기부여 역할을 하리라.

지난 일이 떠오른다. 아버지가 개척한 교회의 예배당은 방석을 깔고 예배드렸다. 기도할 때도 당연히 무릎을 꿇었다. 20대 신학생 시절에는 장의자에서 종종 무릎 꿇고 기도할 때가 있었는데 오히려 목회하면서 무릎 꿇는 시간이 줄어들었다. 기도할 때 부어 주셨던 그 은혜가 요즘 간절하다.

시공사를 선정하는 일이 무엇보다 중요하고, 그 밖에 챙겨야 할 일은 점점 늘고 있다. 성도의 아픔은 계속되고, 목회 환경은 우리 편이 아니다. 엎드릴 수밖에 없다. 목양실과 강단에서 이 방석을 사용하려고 한다. 기도 방석이라 이름을 붙이고, 두툼한 방석이 주저앉을 때까지 기도할 생각이다.

이사하거나 결혼하거나 아이를 낳거나 뭔가 중요한 일을 시작할 때 새로운 마음으로 결심하게 된다. 굳건하게 걸어가고자 챙겨 온 기도 방석 하나, 이번에 이사하면서 가장 잘한 일이 아닌가 싶다.

> 나는 당신들이 잘 되도록 기도할 것입니다. 내가 기도하는 일을 그친다면, 그것은 내가 하나님께 죄를 짓는 것입니다. 삼상 12:23, 새번역

한 건물 두 교회

한 상가 건물에 두 교회라니. 어색하다. 주사랑교회는 같은 동네에서 30년 이상 함께한 교회지만 직접 교류는 없었다. 재개발이 진행되면서 같은 지구의 언약교회까지 세 교회 목사들이 몇 차례 모여 조합과의 대응 방안을 논의한 적이 있다. 재개발 이슈가 아니었다면 만남이 이루어지지 않았을지도 모른다.

토목공사를 하지 않는 땅에 조립식 임시 처소를 지어 주기로 했던 조합의 약속이 달라졌다. 자리가 마땅치 않다고 건설사에서 반대한다는 이유 때문이다. 결국 기존 건물을 철거하지 않고 임시 사용하기로 했다. 언약교회는 맞은편 경량 칸막이로 된 공간을 사용하기로 했다.

주일예배 후 교회 당회원들과 교역자들이 상견례를 했다. 한 공간에 있다 보면 성도들끼리 감정이 상할 수 있고, 소음 문제나 여러 변수가 생길 수 있기에 교회별로 장로님 한 분씩 선정하여 소통 창구를 일원화하였다.

같은 동네에 살면서 이웃 교회 장로님들을 처음 만나는 날이었다. 그건 주사랑교회도 마찬가지. 누가 먼저 할 것 없이 서로 인사를 나누었다. 교회의 상황과 목회 방식은 다르지만 서로 격려하고 기도하면서 하나님 나라를 지향할 수 있지 않을까. 우리는 모두 한 형제라는 사실을 기억해야 했다.

주사랑교회에서 간판을 먼저 달자 마음이 상한 성도들이 있다. 우리 교회는 이전 예배당 외벽에 걸어 두었던 간판을 옮겨 설치한 것

외에 별다른 조치를 취하지 않았다. 어떻게 해야 하나 고민하던 중 이곳에 교회가 있다는 홍보도 필요하지만, 교회당 외벽의 간판보다 '성도가 간판'이라는 생각이 먼저 들었다.

주변 사람에게 실제 교회로 사는 이들의 말과 행동이 본이 되는 것이 더 중요하다는 설교를 했다. 주중에 사업장을 오픈하는 형제가 있어서 다녀왔는데, 이 설교에 도전을 받았다고 젊은 목장 식구들이 이야기해 주었다. 다음 날 새벽예배에 온 어르신들의 의견은 달랐다. 멀리서 잘 보일 수 있도록 크게 간판을 달기를 원했다. 목회 참 쉽지 않다. 요즈음 홍해 앞에 자주 선다.

땅에 쓰신 것처럼

설교할 때 목소리가 작다는 말을 들었다. 강단에서 목소리 톤을 의식하지만 작은 목소리를 크게 내려다 보면 적응이 되지 않았고, 내가 아닌 것만 같았다.

예전에 노후된 음향 시스템을 바꾸기 위해 여러 업체에서 견적을 받았다. 예상보다 큰 금액이었다. 음향 장비가 워낙 고가여서 소리가 다소 답답하더라도 기존의 것을 사용하기로 하면서 부분 보강만 했다. 더구나 재개발이 언제 될지 몰라 음향 시설에 투자하는 것이 옳은 선택이 아니라는 판단이었다.

그 장비 그대로 임시 처소로 오면서 라인만 교체했더니 문제가 생겼다. 잡음이 들리고 소리가 선명하지 않았다. 성도들이 유튜브 설교를 듣고 목소리가 너무 작다고 할 때마다 어찌해야 할지 죄송하기만 했다.

한번 알아나 보자는 심정으로 황영선 목사님을 통해 신뢰할 만한 업체에 의뢰했더니 강단 모니터 스피커를 교체하고, 믹서기를 디지털로 바꾸면 좋겠다는 피드백을 받았다. 그 스피커와 믹서기는 새 건물로 이사해도 계속 사용할 수 있었지만 여러 고민이 계속되었고, 마음을 정리하지 못한 채 당회에 들어가야 했다. 장로님들과 논의한 결과 온라인 예배가 병행될 수밖에 없는 상황을 고려해서 결국 시스템을 정비하기로 결정했다.

수요일 보강공사 이후 마이크 테스트를 하면서 울리지 않고 선명하게 소리 낼 수 있는 지점을 여러 차례 확인하고 나서 세팅할 수 있었다. 나의 목소리 톤으로 편안하게 설교할 수 있었다. 실시간 새벽예배도 잡음 없이 소리의 톤이 확실히 좋아졌다. 구제와 선교에 우선순위를 두자며 8년이나 불편함을 감수했는데, 문제의 원인이 해결되어 감사하다.

마이크도 스피커도 없이 예수님은 얼마나 힘드셨을까. 날은 날에게 말하고, 밤은 밤에게 전하며, 유튜브도 없고, 들리는 소리도 없으나 그의 소리가 온 땅에 통하는 것은 얼마나 신비로운 일인가(시 19:2~4 참고). 주께서 돌판에 십계명을 주시고 땅에 글씨를 쓰신 것처럼, 내가 전하는 말씀도 성도의 마음 깊숙한 곳에 닿으면 좋겠다. 돌처럼 단단하고, 땅처럼 굳은 마음이 열렸으면 좋겠다. 그분의 말씀이 세상 끝에 이를 때까지.

📖 강단 배경이시다

아직 해결하지 못한 고민이 있다. 강단 배경 문제. 이전하기 전부터 시작된 고민은 현재 진행형이다. 강단 뒤에 그냥 날것으로 벽이 남아 있고 왼쪽에는 스크린, 오른쪽에는 창문이 있다. 경수대로, 그리고 평촌 시내가 훤히 보이는 창문에는 블라인드가 필요해 보인다. 아무래도 시야를 분산시킨다. 온라인 영상에서는 강단과 설교자가 어둡게 보이는 요인이기도 하다.

교역자들과 몇 차례 논의했지만 명확하게 결론이 나오지 않았다. 물론 돈을 들이면 모든 문제는 간단하게 해결되겠지만 '우리 선'에서 해결하려다 보니 생각만 많아진다.

한편으로 이대로 두고 싶었던 것은, 예배당을 이전하고 처음 드린 새벽예배 시간에 잊을 수 없는 장면이 있었다. 유난히 맑고 선명한 날이었는데, 예배당으로 햇살이 가득 들어와 있었고, 그 햇살이 그랜드피아노에 반사되어 강단 배경을 신비롭게 장식했다. 마치 구름바다를 보는 것 같았다. 지금도 일주일에 한두 번 그런 현상이 일어나곤 했다.

온라인 영상 예배가 중요한 시기여서, 많은 교회가 강단 배경과 영상 음향 장비에 공을 들인다. 이전보다 배경이 세련되고 첨단 장비가 그것을 부각시켜 화려함을 더했다. 그렇지만 변화된 시대에 맞물려 호흡하는 것이 중요하더라도 진정한 강단 배경은 무엇인지 고민하게 된다.

영혼을 울리고 심장을 적시며 삶을 변화시키는 동력을 세련됨과

편리함이 담아낼 수 없다는 것을 안다. 그럼에도 다른 교회가 다들 그렇게 하니까 시대에 뒤처지고 싶지 않다는 생각이 밀려든다. 구색 맞추다 본질을 놓치는 건 아닐까 생각하면서도 파란색으로 해야 할지 노란색으로 해야 할지 고민하고 또 고민한다.

강단 배경은 하나님이 하시는 일을 방해하지 않을 정도면 족하다. 요구는 넘치고 만족은 끝이 없다. 땅의 넓이를 짐작할 수도 없고, 눈 창고에 들어가 본 일도 없고, 우박 창고를 본 적도 없으며, 동풍이 어디서 흩어지는지 알지도 못하는 무지한 자가 강단에 서 있다. 천둥과 번개를 위해 길을 내며, 폭우를 위해 물길을 터 주고, 마른 땅을 적셔서 새싹이 움트게 하는 하나님이 강단 배경이시다(욥 38장 참고).

> 잘 알지도 못하면서, 감히 주님의 뜻을 흐려 놓으려 한 자가 바로 저입니다. 깨닫지도 못하면서, 함부로 말을 하였습니다. 제가 알기에는, 너무나 신기한 일들이었습니다. 욥 42:3, 새번역

🌿 정탐하라 하셨던 이유

부활주일을 '찾는이'와 함께 드리는 예배로 기획하였다. 교역자들과 여러 가지 논의를 하다가 옥상에서 카페를 열자는 의견을 냈다. 식사할 장소도 없는 임시 처소 상황이지만 옥상 공간을 활용해 보자는 것이다.

캠핑용 천막으로 색다른 분위기를 내고, 기존에 있던 테이블에 예

쁜 식탁보를 씌워 차와 다과를 준비하는 것으로 이야기가 진전되었다. 시간이 지나면서 아름다운 음악이 흐르는 영상을 보여 주며, 성도님들의 작품을 전시하고, 포토 존에서 즉석 사진을 뽑아 주는 것까지 확대되었다.

아무래도 복잡하고 분주할 듯하여 다소 뜸을 좀 들였다. 주변이 다 공사판인데 '옥상 뷰'가 좋을 리 없고 내심 '돈 걱정'이 되었다. 회의하면서 교역자들의 의견에 대해 시원하게 찬성하지 못해서 마음이 무거웠다.

회의를 마치고, 오전 일정이 있어서 운전하며 가는 길에 성성미 목사님에게 전화를 걸었다. 돈 걱정하지 말고 마음껏 하자고 했다. 교역자들이 열정으로 감당하려는데 고마운 일이기도 했다. 옥상 관련 일은 교역자들에게 맡기고, 찾는이 명단을 확인하면서 기도하고 설교를 준비하는 일에 집중했다.

부활주일 아침, 예배가 시작되기 전 옥상에 올라가 보니 분위기가 제법 괜찮았다. 제한된 상황에서 최선을 다한 보람이 있었다. 잠시라도 예산을 걱정했던 내가 부끄러웠다. 예배 후 성도들로 채워진 옥상에 햇볕과 바람이 평화롭게 스며들었다.

장례식과 당회 일정으로 그 시간을 오래 누리지는 못했지만, 서로 담소를 나누는 성도들을 바라보는 것만으로도 기쁨이었다. 지난 몇 년간 건축위원회와 공유했던 기도 제목 중에 지금까지 빼놓지 않은 것은 건축이 진행되는 동안 교역자들이 더욱 목양에 힘쓰게 해 달라는 것이다. 간혹 건축비 부담에 나도 모르게 위축될 때가 있지만, 그럼에도 기도하는 마음으로 과감히 내려놓을 수 있었다. 한 사람 한 사람에게 집중하고, 기도하고 설교하는 일에 더욱 힘쓸 수 있었다.

돈은 잘 있다. 그래서 돈을 걱정할 필요는 없다. 문제는 걱정하는 '나'다. 하나님께서 가나안 땅을 정탐하라고 하셨던 이유는 미리 맛보고 즐기라는 뜻이 아니었을까. 원망과 불신으로 가득한 이스라엘 진영 안에 신선한 공기로 채우시려는 뜻 아니었을까. 옥상 카페는 돈은 잘 있으니 걱정할 필요가 없다고 알려 주었다. 두려움을 용기로 바꾸고 싶다.

할 일은 해야지

심란했다. 언제 다 정리하나 싶었다. 5층 조그만 공간에 주방 기기와 부엌살림을 다 놓을 수가 없어 20여 평 되는 옥상에 두기도 했는데, 비가 오면 비를 맞을 수밖에 없는 상황이었다. 노숙인 식사 봉사를 계속하기 위해 힘들게 가져왔는데 공간이 없어 정리를 못한 채 쌓아 두고 있었다.

주방 시스템을 살리기 위해서는 공간이 필요했다. 패널로 건축하면 불법이라 한다. 벌금을 물면서라도 한시적으로 사용하려고 마음먹었다. 만약 철거해야 하는 상황이 발생하면 접을 생각이었는데, 아니나 다를까 공사를 시작한 지 얼마 지나지 않아 누군가 민원을 넣었다. 조합에서는 철거할 것을 강력히 요구하는 공문을 보내왔다.

조합이 제공해 준 건물이기에 조합의 뜻을 따를 수밖에 없었지만 마음이 무거웠다. 몇몇 분들이 백방으로 알아보며 방법을 찾았지만 조합에서 허용하지 않으면 불가능했다. 이 방법이 아니라면, 다른 공간을 주시던가 새로운 길을 열어 달라고 기도했다. 이 길 저 길 다 막히면 건축 때까지 김밥과 간식을 드리는 방법밖에 없었다.

기도하는데 조합장을 만나야겠다는 마음이 들었다. 여러 번 시도했으나 여의치 않았다. 대표 이사에게 전화를 걸어 약속을 잡았다. 5층 주방을 보여 주고 안전하게 사용할 테니 편의를 봐 달라고 했는데, 교회의 뜻은 이해하지만 조합의 상황과 안전 문제 때문에 어쩔 수 없이 철거해야 한다는 대답을 들었다.

노숙인들과 같이 예배를 드리지 못하는 지금, 밥이라도 따뜻하게 대접하면 좋겠다는 마음이었는데 생각대로 되지 않았다. 조합과 건설사와 안양시가 서로 이해관계 속에서 돌아가기 때문에 절차는 늘 까다롭고 복잡했다. 안양시에서는 노숙인 사역의 취지를 알기에 허용해 줄 뜻을 비쳤지만 간단하지 않았다.

포기하고 마음을 내려놓았는데 다음 날 연락을 받았다. 조합에서 주방 공사를 할 수 있게 허락해 주겠다는 전화였다. 전혀 예상하지 못한 일이었다. 이후 봉사하는 분들의 손길을 통해 주방 공사가 진행되고, 그릇이며 솥이며 청소를 해서 다시 밥을 지을 수 있는 진용을 갖추었다.

목양실 창문 너머로 재개발 공사 현장이 보인다. 아직도 철거공사가 한창이다. 굴착기는 매일 공룡처럼 울부짖고, 하루에도 몇 번씩 임시 처소 건물이 흔들거린다. 가을쯤 착공할 수 있을까. 조합과의 협상이 미뤄지고 그사이 건축 자재 값이 상승했다. 광주에서 대형 사고가 터지며 건설사에 비상이 걸렸고, 우리 교회는 아직 시공사도 결정하지 못했다. 묵묵히 기도하고 인내하는 수밖에 없다. 마음의 일관성을 유지하면 좋겠다.

변화의 과정

수년 전 류호준 교수님에게 교회 건축에 관한 조언을 들은 적이 있다. 모든 게 영적 훈련 과정이어야 한다는 말씀이 가장 가슴에 남아 새겨 두었다. 조합이 설립되고, 재개발이 추진되고, 동네가 철거되고, 조합과 협상하고, 변호사를 선임하고, 예배당을 이전하고, 남은 건축 과정을 진행하는 그 모든 것이 내겐 영적 훈련이다. 단지 교회 건물을 세워서 사람들을 끌어모으는 과정이 아니라 한 사람 한 사람의 신앙을 형성하는 과정이어야 한다는 말씀으로 받아들이며 기도하게 된다.

참 지난한 과정이다. 교회 건축과 관련된 책을 읽고, 전문가의 조언을 듣고, 장로님들과 많은 회의를 하고, 건축 경험을 가진 목사님들과 대화를 나누면서 몇 년을 보냈는지 모른다. 조급해서도, 늘어져서도 안 되는 일이고, 예측하기 어려운 타이밍에 맞춰 움직여야 한다.

건축의 과정도 목회의 과정이고, 목회의 과정은 변화의 과정이었다. 피조물을 회복하시는 하나님의 일에 참여하는 일이었다. 하나님은 정직하게 지으셨지만 인간의 마음은 복잡하다. 그래서 이리저리 부딪히기도 했지만 과정마다 배울 점이 많았다.

예전에는 몇 년 만에 급성장하여 몇 명이 출석하는 교회가 되었다는 이야기에 귀가 솔깃했다. 어떤 방법이었는지, 어떤 프로그램을 운영했는지 궁금했다. 하지만 이제는 한 사람이 그리스도 안에서 세워지고 그 성품을 닮기까지 얼마나 많은 시간이 필요한지 생각한다. 목회는 날마다 내 속을 누르는 일이며, 교회를 향해 염려하는 과정이었다.

노숙인에게 가끔 전화가 온다. 주로 술 먹으면 전화를 하는데 기본 1시간이다. 인생 레퍼토리를 어느 정도 꿰고 있을 정도다. 술 먹지 말고 맑은 정신으로 전화하라고 했지만 한 번도 지킨 적이 없다. 생각해 보니 멀쩡한 정신일 때는 내가 별로 필요하지 않았을 것이다. 지난주에도 전화를 받자마자 울었다. 사는 이유를 찾지 못해 극단적인 선택도 생각했는데 전화를 받아 줘서 고맙다고 했다.

고통스러운 순간에 술과 목사가 달래 주니 조금이라도 용기가 된다면 족하다. 나도 조금은 신앙 형성이 된 것인지 이제 술을 먹더라도 조금 줄이고 언제든지 전화하라고 했다. 노숙인을 변화시키려고 했는데, 하나님은 노숙인을 통해 나를 다듬어 가신다.

> 교회는 오직 사람들을 그리스도께 이끌기 위해, 그들을 작은 그리스도로 만들기 위해 존재한다. 만약 교회들이 그런 일을 하지 않는다면 모든 성당, 성직자, 선교, 설교, 심지어 성경마저도 시간 낭비일 뿐이다. 하나님이 인간이 되신 것은 다른 목적을 위해서가 아니다. 성경은 온 우주가 그리스도를 위해 창조되었다고, 또한 모든 것이 그분 안에서 하나로 모이게 될 것이라고 말씀한다. C. S. 루이스, 《목회자 바울》

이제 실전이다

정신과 의사 엘리자베스 퀴블러 로스는 인간이 시한부 삶을 선고받을 때 부정, 분노, 타협, 우울, 수용이라는 다섯 단계를 거친다고 주장했다. 다른 사람의 죽음에 대해서는 논리적으로 설명했지만, 정작 자신이 암에 걸렸을 때는 그 사실을 감당하기 어려워했다고 한다. 하루는 기자가 그녀에게 "당신은 임종하는 사람들에게 많은 희망을 줬는데 왜 정작 자신의 죽음 앞에서 화를 내고 있습니까?"라고 물었다. 그러자 그녀가 대답했다.

"지금까지 내가 말한 것은 타인의 죽음이었어요. 동물원 철창 속 호랑이였지요. 지금은 아니에요. 철창을 나온 호랑이가 나한테 덤벼듭니다. 바깥에 있던 죽음이 내 살갗을 뚫고 옵니다. 이 둘은 전혀 다릅니다."

《이어령의 마지막 수업》의 저자 이어령도 전두엽(뇌)으로 생각하는 죽음과 척추신경으로 감각하는 죽음은 거리가 멀다고 했다. 죽음 앞에 선 인간의 작음을 일깨운 것이다. 그런데 죽음만이 아니다. 인생의 그 어떤 것도 이론과 실전은 다르다.

건축과 관련해서 그동안 많은 논의 과정이 있었지만, 이제는 실전이다. 건축 허가를 위한 일, 도면을 다시 점검하는 일, 보상금에 근거하여 예산을 세우는 일, 비용을 절감할 수 있는 부분을 찾는 일, 실력 있고 정직한 시공사를 만나는 일, 민원과 각종 변수에 대처하는 일, 첫 삽을 뜨는 일 등의 실전이 기다리고 있다.

당회 때 이제는 한 걸음 뒤로 물러나 성도들과 기도하는 일에 더 힘을 쏟겠다고 이야기했다. 설계는 목회 방향과 맞물려 있어 그동안 같이 움직이며 적극적으로 의견을 냈는데, 이제 실제적인 일은 건축위원들에게 맡기고 목회 본연의 일에 집중하려 한다.

암 투병을 하며 죽음을 목전에 둔 이어령 씨에게 기자가 물었다고 한다. "선생님, 럭셔리한 삶이란 뭘까요?" 그 기자는 21년간 패션 잡지사에서 근무하며 화려한 비주얼과 과장될 수밖에 없는 럭셔리한 현장을 잘 아는 사람이었다. 이어령은 이렇게 말했다.

> 럭셔리한 삶, 나는 소유로 럭셔리를 판단하지 않아. 가장 부유한 삶은 이야기가 있는 삶이라네. 스토리텔링을 얼마나 갖고 있느냐가 그 사람의 럭셔리지. 똑같은 시간을 살아도 이야깃거리가 없는 사람은 산 게 아니야. 스토리텔링이 럭셔리한 인생을 만들어. 세일해서 싸게 산 다이아몬드와 첫아이 낳았을 때 남편이 선물해 준 루비 반지 중 어느 것이 더 럭셔리한가? 남들이 보기엔 철 지난 구식 스카프라도, 어머니가 물려준 것은 귀하잖아. 하나뿐이니까. 우리는 겉으로 번쩍거리는 걸 럭셔리하다고 착각하지만, 내면의 빛은 그렇게 번쩍거리지 않아. 거꾸로 빛을 감추고 있지. 스토리텔링에는 광택이 없다네. 하지만 그 자체가 고유한 금광이지. 이어령, 《이어령의 마지막 수업》

우리 교회도 이런 이야기를 품는 건축을 하면 좋겠다. 세상 어디와도 비교할 수 없는 럭셔리한 건축을 향해 이제 우리의 이야기는 시작된다.

깊은 어둠 속에서도

건축 허가가 예정보다 많이 지연되었다. 안양시에서 요구하는 대로 설계 도면을 변경하는 과정에서 잦은 회의가 필요했고, 더 많은 기도가 이어졌다. 설계 도면이 완성되자 건축 일정은 급박하게 돌아갔다. 임시 처소를 비워 줘야 하기 때문에 시공사 선정에서 신축 건물 입주 일정에 맞추는 일도 중요한 논의 사항이었다.

성도들과 나눈 기도 제목은 '정직하고 실력 있는' 시공사였다. 설계를 감당하는 건축사를 선정할 때는 공개 입찰로 진행했지만 시공사 선정은 CM감리회사에 전적으로 위임했다. 시공 능력과 재무 지표, 신용 등급 등 세부 사항을 이미 검증한 여섯 업체를 대상으로 견적서를 받고, 건축 본부 인원이 검토하여 협상 대상자는 두 군데로 좁힐 수 있었다.

견적서를 분석하면서 토목과 건축, 설비 분야에 과다한 재료는 없는지 검토하고, 빠진 내용이 있는지 확인하는 작업을 거쳤다. 우선 협상 대상자를 차례차례 면접을 보면서 회사 대표의 마인드와 가치를 염두에 두었다. 건축 본부 여섯 명 전원 만장일치로 '율산종합건설사'가 선정되었다.

계약서에 도장을 찍고 목양실로 돌아왔는데 온몸의 기운이 빠졌다. 지난 3~4년간 씨름했던 회의, 협상, 철거, 이사의 과정들이 필름처럼 하나씩 스쳐 지나갔다. 의자에 주저앉아 하나님께 물었다. '하나님, 성도들의 기도 응답이 맞지요?'

다음 날인 주일 새벽 노숙인 도시락 봉사를 하다가 이태원 참사 소식을 들었다. 믿을 수 없고, 믿고 싶지 않은 참사는 주일예배를 앞둔 내 마음을 무겁게 했다. 나도 몇 번 걸었던 골목이었다. 눈물과 탄식, 책임자에 대한 분노와 복합적 감정이 뒤엉키면서 심장 깊숙한 곳이 찔린 듯 아팠다.

월요일, 온 가족 새벽기도회가 시작되었을 때 이계순 집사님이 하나님의 부르심을 받았다. 담도암으로 고생하던 집사님은 가족의 사랑과 돌봄 아래 평온하게 지내고 계셨다. 심방을 가면 얼른 회복되어 예배드리고 싶다고 했다. 교역자들을 섬기며 넉넉한 웃음을 보이던 집사님의 지난날을 추억해야 했다. 그리고도 몇 차례 더 장례 예배가 이어졌다. 죽음과 부활을 깊이 생각하는 시간이었다.

착공 이후 우리는 무엇을 소망할 수 있을까. 완공 이후 슬픔 가득한 이 세상을 향해 우리는 어떻게 나아가야 할까. 우는 자들과 함께 울어 줄 수 있을까. 깊은 어둠 속에서도 주께서 자비를 더해 주시기를 기도한다.

> 여호와의 말씀에 가련한 자들의 눌림과 궁핍한 자들의 탄식으로 말미암아 내가 이제 일어나 그를 그가 원하는 안전한 지대에 두리라 하시도다 시 12:5

🌱 우리도 지어져 간다

새벽예배를 마치면 1시간 정도 성경을 묵상하고 목양실을 나와 호계체육관 쪽으로 돌아서 걷는다. 체육관에서 내려오는 길, 금호아파트가 보이고 그 모퉁이에 건축 현장이 보인다. 그곳에서 하루하루 새로운 일이 일어난다.

금호아파트에 사는 이경아 집사님이 건축 현장 사진을 보내 주었다. 너무 기대가 된다면서 볼 때마다 기도하겠다고 한다. 하루에도 몇 차례씩 오가는 길에 현장이 있으니 기도할 일이 많겠다 싶어서 나의 기도 제목도 보내 주었다. 공사 소음 문제로 금호아파트 주민에게 미안한 마음이 있는데 민원 문제가 있더라도 원만하게 해결되도록, 또 교회와 금호아파트 사이에 좋은 관계가 유지되도록 기도를 부탁했다.

집사님이 "소음은 정말 심하다"라고 문자를 보내왔다. 공사장 소음이 얼마나 심한지는 나도 지난 2년 동안 겪어 왔기 때문에 잘 알고 있었다. 특히 땅을 팔 때 나오는 굉음은 참기 어려웠다. 금호아파트 주민들도 그런 어려움 속에 있겠구나 싶었다. 하지만 이내 집사님은 "저는 그 소음이 좋습니다^^"라고 하면서 금호의 모든 이웃도 같은 마음이 되기를 기도하겠다고 했다.

고마웠다. 성도에게서 교회를 사랑하는 마음이 묻어 나올 때, 목사로서 기쁘고 감사하다. 가이오를 향해 "내가 내 자녀들이 진리 안에서 행한다 함을 듣는 것보다 더 기쁜 일이 없도다"(요삼 1:4)라고 말했던 사도 요한의 마음이 이런 걸까. 금리가 오르고, 미분양 사태가 발생하고, 건설사들이 돈줄이 막혀 도산한다는 뉴스를 볼 때마다 가슴을 쓸어내리지만, 건축을 위해 한마음으로 기도하고 기대하는 성도를 만날 때면 큰 위로가 된다.

어쩌면 이 세상은 거대한 건축 현장 같다. 창세기부터 요한계시록까지 설계 도면은 이미 나와 있다. 도면대로 건축은 시작되었고 우리는 그리스도 안에서 함께 지어져 간다. 소음이 발생하지만 그마저 기대감으로 바뀌고, 건물이 지어지고 올라가는 것처럼 사람이 세워지고 교회가 되고 하나님의 사람으로 변화되는 것 역시 실제적인 일이기에 목회는 늘 역동적이다.

건축 현장. 누군가에게는 소음이 나는 시끄러운 장소이지만, 누군가에게는 기대가 되는 장소이고, 누군가에게는 소음마저도 아름다운 소리로 들리는 장소이다. 그래서 신비롭고 경이롭다.

눈물로 심는 씨앗

캄보디아 선교를 갔을 때, 마을을 방문하면서 가슴 아픈 사연을 들었다. 여러 명의 자녀를 출산하여 돌보는 아주머니 이야기였다. 나이는 나와 비슷한데 합병증으로 고생스러운 상태였다. 이야기를 들어 보니 혈압약 하나면 해결될 어려움인데, 약이 없어 병을 키운 것이다.

같은 세상에 '또 다른 세상'이 있다는 사실을 알게 되었다. 흙바닥에 사는 사람들, 학교 갈 형편이 안 되어 노동하는 아이들, 물이 없어 통 하나에서 온 가족이 씻어야 하는 상황, 그들에 대한 잔상이 지금도 남아 있다.

건축 보상금이 1차 확정되었을 때 하나님은 내게 강한 부담을 주셨다. 가난한 나라에 의료 시설을 짓는다면 얼마나 좋을까. 결국 고심 끝에 당회에서 어렵게 말을 꺼내고, 몇 달에 걸쳐 논의한 끝에 보상금의 일부를 사용하기로 했다. 공동의회 때 몇몇 성도의 우려가 있었지만 통과되었다.

내가 현실 감각이 없는 건지, 교회 건축을 앞두고 있는데 너무 무모한 것은 아닌지 모르겠다. 하지만 우리가 알지 못하는 또 다른 세상에 사는 이들도 하나님이 "이처럼 사랑하사"(요 3:16) 독생자를 보내셨기에 외면할 수 없었다. 기대하면서 기도했다.

보상금의 십분의 일을 떼어 처음에는 시골 마을에 작은 보건소 하나 짓는 일을 생각했다. 신뢰할 만하고, 지속 가능하며, 우리 성도들이 방문 가능한 거리여야 한다는 몇 가지 원칙을 세우고 논의했다.

결국 인도 동부 콜카타의 말론쪼 마을, 빈민가 병원 건축 프로젝트에 참여하게 되었다. 30년간 인도 현지에서 선교를 감당했던 이은옥 선교사님을 만나기 전에 기도했다. 이곳에 돈을 맡겨야 한다면 하나님이 명확한 사인을 보내 달라고 했다. 실제로 선교사님을 만나 대화를 나누자 그동안 선교사님이 꿈꾸고 기도했던 병원의 모습과 내 생각이 묘하게 일치한다는 것을 확인하게 되었다.

얼마 전 영등포 쪽방촌 근처 '요셉의원' 관련 다큐멘터리를 봤는데 얼마나 눈물이 나고 고맙고 감동이 되던지. 앞으로 우리가 세울 의료 시설도 그런 역할을 하면 좋겠다는 마음이 들었다. 이 선교사님도 동일하게 요셉의원을 꿈꾸며 지난 몇 년간 기도했다고 해서 이것을 기도 응답이라 여겼다. 그렇게 선교위원회와 당회가 최종 논의를 통해 확정했다. 이제 시작이다. 우리는 눈물로 한 알의 씨앗을 심었다.

첫 번째 소망

교회 일정을 살피며 '희망친구 기아대책'과 조율 끝에 서둘러 인도 방문 일정을 잡았다. 인도 말론쪼 마을에 건축 보상비의 10%를 떼어 병원 건물을 짓기로 했는데, 현지에 가서 최종 결정을 내리고 나서 가능하다면 기공 예배를 드리고 돌아오기로 했다.

서류와 현지 사진으로 충분히 검토하고, 하나님의 뜻이 무엇인가 분별하는 시간도 가졌다. 많은 돈을 지출하는 일이기에 답사하면서 그 땅을 밟고, 병원 건축의 의미와 교회가 섬겨야 할 미래 비전의 방향성을 모색하려고 한다.

땅과 건물에 대한 안전성, 재정 지급 방식, 완공 과정, 완공 후 지속 가능한 병원 운영 등 현지 선교사님을 만나 조율해야 할 내용이 많다. 또한 병원 건물을 중심으로 말론쪼 마을을 어떻게 섬겨야 할지, 선교 방향은 어떤 식으로 확장해야 할지 등 기아대책과 논의를 해야 하는데 이 역시 현지 상황을 긴밀하게 체크해야 가능하다.

만에 하나 예상치 못한 문제가 발생하여 사업을 접고 원점부터 다시 생각할 가능성도 배제할 수 없어서, 조금 무거운 마음을 안고 인도 방문을 준비하고 있다. 그에 비하면 e-Visa를 만들고, 코로나 검사를 하고, 선교지에서 전할 말씀을 구상하고, 현지 날씨에 맞춰 개인 물품을 준비하는 일은 어쩌면 쉬운 일인지도 모른다.

병원 이름은 'First Hope Clinic'으로 결정했다. 원래 '제일소망'이란 이름에 '제일, 최고'라는 의미가 있어서 'The Greatest Hope Clinic'은 어떨까 생각했는데 이 선교사님이 보내 준 내용을 보면서 같은 소망을 품게 되었다.

> 이 병원 사역이 빈민층에게 소망(hope)이 되고, 예수님이 우리에게 첫 번째 소망(first)이며, 이 병원도 빈민들에게 첫 소망과 기쁨을 줄 수 있는 공간이 될 거라는 문맥이 상통하여…

교회 이름을 살릴 수 있어서 좋고, 이름의 의미를 현지에 맞게 재해석하는 과정도 은혜였다. 예배당을 지으면서 부담감에 눌릴 때 병원 건축이 색다른 위로와 감동으로 다가올 것이다. 하나님이 무엇을 준비하셨는지, 그동안 어떻게 일하셨는지 확인하는 것이 인도 방문의 목적이기도 하다. 3박 5일, 긴 비행시간에 비해 짧고 빡빡한 일정이 기다리고 있다. 무슨 일이 있을지 기대된다.

> 여호와여 일어나사 주의 대적들을 흩으시고 주를 미워하는 자가 주 앞에서 도망하게 하소서 민 10:35

🌿 인도에 도착하다

인천공항으로 출발했다. 기대하는 마음과 무거운 마음을 안은 채였다. 정원근 집사님의 차량 운행 덕분에 공항까지 편안하게 왔다. 그런데 그동안 준비한 서류를 다시 점검하고 짐을 부치려는 과정에서 문제가 발생했다. 코로나 검사 결과지에 항공편 이름을 잘못 적은 것이다.

　서류 준비에 많은 시간을 들였는데, 이런 실수를 하다니. 팬데믹 이후 입국 심사가 강화되다 보니 절차가 복잡해졌다. 다 되었다고 안심하려는 찰나, 절차의 한 부분을 다시 확인해야 했다. 탑승 시간이 거의 임박해서 부랴부랴 조찬욱 목사님이 노트북을 켜서 작업을 하는데 뜻대로 잘 풀리지 않아서 잔뜩 긴장 상태가 되었다.

　마침 격려차 방문한 기아대책 본부장님이 침착하고 차분하게 안내해 주었으나, 비행기 탑승 행렬이 점점 늘어나면서 불안해지고 있었다. 본부장님이 앱을 확인한 후 한산한 행렬을 알려 주어 앞쪽에 설 수 있었다. 겨우 시간에 맞춰 탑승하면서 안도의 한숨을 내쉬었다.

　최상대 장로님 옆에 앉게 된 나는 그간의 건축 과정과 인도 방문 이전까지의 상황을 되돌아보면서 하나님께 감사하는 시간을 가졌다. 직항이 없어 태국 방콕을 경유했는데, 2시간 후 탑승할 줄 알았던 비행기가 연착되어 또 2시간 반을 기다리면서 공항 한구석 의자에서 쏟아지는 졸음을 마주했다.

　인도 콜카타공항으로 가는 길, 비행기가 이륙하는 줄도 모를 정도로 깊은 잠에 빠져들었다. 가장 긴장되는 입국 심사를 네 사람 모두 통과하고 무사히 인도 땅에 발을 디뎠다. 공항에서는 이은옥 선교사님의 남편 수빌로이(노수빌) 목사님과 직원들이 영접해 주었다. 자스민 꽃 큰 목걸이를 걸어 주었는데, 꽃향기가 피곤한 몸 안으로 스며들었다.

　숙소로 가는 길에 어둠이 깔린 도시 사이로 보이는 건물과 집의 형태를 살펴보았다. 새벽 시간에도 길거리에 돌아다니는 청소년들이 보인다. '여기가 인도구나.' 비로소 실감하면서 차로 40분 정도 이동하여 도착한 숙소에서 짐을 풀었다.

월요일 아침 일찍 시작되는 일정으로 2시간 반밖에 잠을 잘 수 없었다. 핸드폰 알람을 맞춰 놓고 잠들었는데, 그렇게 푹 자 본 적은 처음이다. 하루 종일 진행되는 일정을 고려하여 아주 깊이 재워 주시는 은혜를 경험하였다. 여정마다 필요한 것을 공급하시는 은혜가 있어 모든 일정을 무사히 소화할 수 있었다.

어디든지 카레 향

어릴 적 참여한 수련회에서 한 끼는 꼭 카레였다. 그러면 아예 끼니를 걸렀다. 가장 싫어하는 음식이 카레였다. 그 냄새 자체를 싫어했는데 최근 카레가 맛있다는 것을 알게 되었다. 몇 달 전 집사님 두 분이 식사 대접을 하겠다며 '카레 전문점'을 예약했다. 카레 싫어한다는 말을 차마 하기 어려워 장소를 바꾸지 않고 카레 음식을 먹었다.

신기하게 그날 처음 카레 향이 좋다는 것을 느꼈다. 다음에 오면 카레가 들어간 메뉴를 먹어야겠다고 생각했다. 나에게는 큰 변화였다. 그 후로 두 번 손님 식사를 대접할 기회가 있었는데 가깝고 내부 인테리어도 깔끔해서 그 카레 전문점으로 예약하게 되었고 맛있게 먹었다.

인도는 어딜 가도 카레 향이 났다. 점심은 주로 선교사님이 담당하는 센터에서 아이들이 먹는 음식을 먹었는데, 거의 모든 음식에 카레 원재료가 들어가는 것 같았다. 닭고기에도 카레, 생선튀김에도 카레, 심지어 후식 아이스크림에도 강황 가루가 있었다. 아이들을 만나도 거리를 걸어도 온통 카레 향이다.

여전히 카레를 못 먹을 정도로 싫어했다면 이번 인도 방문이 힘들었을 텐데 신기하게도 얼마 전에 입맛이 바뀌었다. 예전에 중국 신학교에 갔을 때에는 아침부터 국수에 거의 모든 반찬이 기름에 볶은 것이었는데, 먹기 거북해도 정성이 고마워 꾸역꾸역 열심히 먹느라 얼마나 곤욕스러웠는지 모른다.

가장 놀랐던 것은 경적 소리였다. 우리나라에서는 앞차가 가지 않거나 위험이 감지될 때 경적을 울린다. 놀라거나 마음에 들지 않으면 감정을 실어 길게 또는 여러 번 누르기도 한다. 그러나 여기 인도 사람들은 '내가 여기 있다'는 것을 알리기 위해, '그러니 조심하라'는 의미로 경적을 울린다고 한다. 다른 사람을 배려하는 차원이었다. 거의 모든 차가 경적을 울린다고 해도 과언이 아니었다. 상당히 시끄럽다. 차선이 없는 곳도 많아서 차와 수레와 미니 택시와 사람들이 뒤엉켜 무질서한데도 차는 어떻게든 이동한다.

손으로 밥 먹는 아이들을 보면서 저녁에 따라서 해 봤다. 처음에는 조금 어색했는데 오히려 편한 면도 있었다. 초코파이를 주면 오른손으로 받았는데 그것이 예의라고 한다. 어떤 아이들은 내 두 발에 점을 찍고 몸으로 무슨 표시를 하는데 존경을 담은 인사법이라고 한다. 생소한 문화를 경험하면서 인도를 더 알게 되었다. 다음에 시간의 여유를 두고 재래시장도 가 보고, 더 많은 문화를 경험한다면 기도가 조금 더 깊어지지 않을까 생각한다.

여기는 콜카타

인도 현지 병원이 지어질 자리에서 부지 자료를 검토한 후 바로 다음 날 기공 예배를 드렸다. 병원 부지는 120평으로 1층의 바닥 면적은 90평인데, 2층으로 올려 총 180평 규모의 공간이 구성될 예정이다.

선교사님은 건물이 들어설 땅에서 예배드릴 수 있도록 준비해 주었고, 60여 명의 회중이 모였다. 나는 설교를 통해 교회가 병원을 짓기 위해 헌금하게 된 과정을 설명했다. 기억을 거슬러 올라가 보니 병원 건축은 교회가 계획을 세우고 추진한 것이 아니었다.

2017년 캄보디아에 갔을 때, 하나님은 어떤 아주머니를 통해 시골 마을에 보건소 하나 있는 것이 얼마나 필요한지 보여 주셨다. 나와 동갑인 그 아주머니는 어린 자식들이 줄줄이 있었지만 합병증으로 고생했다. 혈압약 하나 제대로 먹었으면 해결되는데 병원이 없어서 병을 키운 것이었다. 그 일이 깊이 마음에 남아 있었다.

새벽예배 후 산을 오르다 강력한 도전을 받았다. 확보된 재건축 보상금의 일부를 떼어 어려운 나라의 의료 보건 시설을 위해 사용하라는 메시지로 받아들였다. 솔직히 부담이었다. 나도 소화되지 않는 내용이어서 두 달 동안 품고 기도 시간을 가졌다. 결국 에라 모르겠다는 심정으로 당회에 던졌는데, 그 논의가 이어져 여기까지 올 수 있었다. 지금 여기는 인도 콜카타 지역 선교 현장이다.

내가 선 곳이 바로 예수님의 인격과 사역 속에 드러난 하나님 나라가 아니겠는가. 그래서 설교 말미에 우리 제일소망교회를 위한 기도를 회중에게 부탁했다. 연관성이었다. 우리도 건축이 시작되었는데 재정이 부족하니 꼭 기도해 달라고 당부하며 마무리했다.

이은옥 선교사님의 며느리 이라영 선교사는 오랜만에 한국어 설교를 들어 좋았고, 본인에게 생소했던 '하나님 나라' 개념을 알게 되어 도전을 받았다고 했다. 특히 마지막에 기도를 부탁한 것이 인도 사람들의 마음을 움직였다고 전해 주었다. 인도 사람들 입장에서 한국에 돈이 많아 그냥 기부한 정도로 생각할 수 있었는데, 하나님의 섭리를 듣고 감격했다는 것이다.

인도에 오면서 《하나님 나라와 광장신학》 책을 가져왔다. 그동안 읽은 부분에 밑줄 치며 메모해 놓아 애착이 가는 책이었다. 바른 신학의 기반 위에 교회가 세워지고, 하나님의 다스림이 총체적으로 일어나기를 기대하며 그 책을 이라영 선교사에게 선물했다. 설교 후 함께 부른 찬송가 200장 〈달고 오묘한 그 말씀〉이 아직도 귓가에 쟁쟁하다.

> 교회는 '대안 공동체(alternative society)'이다. 이 세대 한복판에 있으면서도 변화하는 능력으로 이 세대를 품어 녹여 낼 수 있는, 그리하여 변화된 삶의 자리를 창조적으로 만들어 가는 그런 공동체다. 유태화, 《하나님 나라와 광장신학》

🌱 꽃은 핀다

봄맞이 준비를 한다. 아침저녁 일교차가 크고, 산에는 나뭇가지

끝에 몽우리가 보인다. 꽃을 피우기 위해 경이로운 생명이 살아 숨 쉰다. 이제 조금 있으면 임시 처소로 이사 온 지 1년이 된다. 벌써 그리 되었구나, 생각하며 지난 시간을 돌아본다.

이사 오기 전 겨울은 유독 추웠다. 동네는 철거되었거나 철거 중이어서 삭막했고, 어디로 어떻게 언제 가야 할지 몰라 마음이 붕 떠 있었다. 뭘 해도 어수선했다. 이사만 되면 금방 뭔가 잡히고 일이 진행될 줄 알았으나 지지부진한 시간이 이어졌다. 철근값이 오른다는데, 협상은 언제 시작할지 어떻게 진행될지 막막했다.

최근 들어 추가 협상이 시작되었다. 이제 원만한 합의가 거의 이루어져 간다. 참 오랜 시간이 걸렸다. 아직 가야 할 길이 많이 남았지만 이제 큰 산 하나를 넘고 숨을 몰아쉰다.

서로의 패를 볼 수 없는 상황에서 대화를 통해 거리를 좁혀 나가는 협상의 과정. 합의문에 따라 적합한 자료를 만들고, 자료에 근거하여 설명하거나 방어하는 과정에서는 전문가의 역할이 필요했다. 빨간 띠를 두르고 농성하며 무턱대고 드러누울 수 없었고, 조합원들의 입장도 고려해야 했다. 또한 교회의 손실을 줄여야 하기에 그 절묘한 지점을 찾아 결국 여기까지 왔다. 이제 도장만 찍으면 된다.

협상이 잘 되었는지 평가하기에는 아직 이르다. 물론 예상했던 것보다 좋은 결과를 받았다. 하지만 건축은 변수가 많다. 마음에 들어 물건을 샀는데 금방 질리기도 하고, 처음에는 마음에 들지 않았지만 오랜 세월 함께하는 것도 있다. 그래서 뭐든지 당시의 어떤 상황만 잘라 놓고 평가하기는 이르다. 모든 판단은 오랜 시간이 지난 후에야 명확해진다.

협상의 결과를 하나님이 미리 보여 주셨다면 그동안 이렇게 마음 졸이지는 않았을 것이다. 때로는 긴장 상태로 협상 날짜를 기다리기도 했다. 결과를 모르니 논의하고 기도하고 걱정하고 전문가의 도움을 청했다. 결과만 쏙 주어지는 삶이 아니라 그 결과에 이르기까지의 과정이 필요하다는 사실을 배웠다.

　　무엇이든 결과는 노력해서 얻는 것이라 생각했다. 그런데 지나고 보니 노력만으로 결과를 맞이할 수 있는 것은 아니었다. 노력이 필요한 만큼, 주어진 결과를 받아들이는 마음 또한 필요하다. 참 알 수 없는 길을 가지만 어떤 형태로든 결과는 주어진다. 몽우리에도 꽃은 필 것이다.

기도의 길

　　수면 문제가 있어 양압기를 사용해 온 지 9년 정도 되었다. 양압기 기능이 다한 것인지 잠자는 동안 종종 꺼지곤 했다. 양압기가 꺼지면 잠에서 깨기 때문에 이리저리 살펴봤다. AS 센터에 알아보니 수리하는 데 꽤 많은 돈이 들었다. 처음 양압기를 판매했던 이에게 상담하면서 요즘 보험 적용 렌탈이 가능하다는 사실을 알게 되었다.

　　신사동에 있는 병원을 소개받아 수면 다원 검사를 받았다. 다리부터 머리끝까지 센서를 붙이고 잠을 자면서 뇌파의 움직임을 알아보는 검사다. 이틀 후에는 압력 검사를 받았다. 양압기를 착용하고 바람의 세기와 압력 적정선을 찾는 검사다. 2015년 세브란스 검사 자료와 최근 자료를 비교하며 의사가 그래프 분석을 해 주었다.

수면무호흡 중증인 나는 양압기를 착용하지 않으면 수면의 질이 확 떨어진다. 최소 28초에서 최장 56초까지 숨을 쉬지 않는데, 이때 신체에 공급하는 산소량이 떨어져 뇌혈관, 심장 질환의 위험이 커진다. 숨을 쉬지 않으면 몸은 방어기제를 작동시켜 잠을 깨운다. 내가 자다가 자주 깨는 이유였다.

이러한 나의 잠자리 습관을 관찰한 아내는 고혈압과 연관성이 있지 않겠냐고 의문을 제기했다. 결국 양압기 처방을 받게 되었고, 지금까지 은혜로 살았다. 수면 중 막혀 있는 기도를 열어 산소가 공급되게 함으로 건강을 유지해 준 것이다. 매일 물통과 마스크를 씻는 일, 양압기를 세팅하고 얼굴에 착용하는 일이 귀찮기도 하지만 생각해 보면 그렇게 해서 푹 잠드는 것이 얼마나 큰 은혜인지 모른다.

예배당 신축 건물이 조금씩 올라오는 모습을 보면서 하반기에 더욱 중점으로 두어야 할 부분이 무엇인가를 생각하게 된다. 기도(氣道)가 막히면 폐와 심장에 무리가 될 수밖에 없는 것처럼, 기도(祈禱)가 막히면 교회는 무엇인가 무리를 하게 된다. 인위적인 노력은 인간의 공로와 자기 의를 드러내는데 이것이 결국 교회의 건강을 무너뜨린다.

교역자들과도 이 부분을 종종 나눈다. 문제는 내가 하나님 앞에서 어떤 방법으로 더 엎드릴 수 있는가이다. 앞으로 새로운 마음으로 기도할 것이다. 형식과 내용에 변형을 줄 예정이다. 바람이 지나간 곳이 길이 되는 것처럼, 성령이 지나가시는 곳에 새로운 길이 열릴 것을 기대하는 마음으로 하루하루를 보낸다.

목적지

사방이 아파트로 둘러싸인 곳에서 전도를 어떻게 해야 할까 고민이 많다. 뾰족한 수가 보이지 않는다. 여기 교회가 있다고 홍보하고 간판을 달아도 무슨 의미가 있을까 싶어 마음이 답답하다. 임시 처소 한 곳에 세 개의 교회가 몰려 있다 보니 누군가의 말처럼 '교회 타운'이 되었다. 그런다고 세상이 끄떡이라도 할까. 문득 교역자들과 읽고 나눈 책의 한 문장이 생각났다.

"목적지가 없는 배에겐 어떤 바람도 순풍이 아니다."

지나가면서 보라고 이 문구를 간판 자리에 달아 놓았다. 교회 이름은 작게 넣었다. 목적지를 분명히 가지고 가는 것인지, 떠밀려 가는 것인지, 누구라도 잠시 멈추어 생각해 보면 좋겠다.

사람들이 많이 이용하는 아파트 엘리베이터 안에 넣을 교회 광고 디자인에도 이 문구를 넣었다. 새롭게 설계된 건물 이미지는 넣을까 말까 고민하다 결국 넣었다. 건물이 갖는 중요한 상징성이 있지만 속물로 보일까 조심스럽다.

두 아파트에 홍보물을 부착했는데 묘한 책임감이 들었다. 교회를 알리는 것도 좋지만 과연 우리는 누구이며, 누구를 따르며, 어떤 목적지를 향해 가고 있는지 다시 점검해야겠다는 생각이 든다. 전도는 외부를 향하기 전에 나와 교회를 돌아보는 것이며, 제대로 가고 있는지 확인하는 과정임을 깨달았다. 목적지가 옳다면 같이 가자고 할 수 있지 않을까.

사람을 경쟁 상대로 보거나 거래 대상으로 보면 삶이 피곤해진다. 전인격으로 사람을 만나야 하는데, 본마음을 숨겨 놓고 조직이나 공동체의 이해관계 안에서 상대해야 할 때가 있다.

> 꽃이 피는 게 아니라 나무가 피는 거지/ 눈이 오는 게 아니라 하늘이 오는 거지/ 무거워지고 있던 어떤 생각들이 몰리며/ 어쩔 수 없어 안이 밖으로 열리는 거지 유기택, 〈사람학 개론〉

시가 마음을 울린다. 꽃이 피는 것을 보면서 나무가 핀다는, 눈이 오는 것을 보면서 하늘이 온다는 시인의 마음은 특별하다. 나무가 오는 것이 좋고, 하늘이 오는 것도 설레인다. 그렇게 전부를 내어 줄 수 있다면 행복할 것 같다. 사람이 사람을 다녀갈 수 있다면, 교회도 한 뼘 훤칠하게 클 수 있겠지.

환대의 공동체

> 외인들에 대한 환대가 기독교의 핵심이라는 주장은 정당화할 필요가 거의 없다. 결국 성서의 첫 부분부터 우리는 환대하는 아브라함과, 교회를 향하여 외인들에 대한 환대를 권면하는 사도들, 그리고 자주 교회들이 순회 선교사들을 극진하게 맞이하고 환송하는 것으로 묘사되는 장면을 만난다. 조슈아 지프, 《환대와 구원》

"내가 어떻게 살면 좋겠어?" 운전하고 가는 길에 아내에게 물었다. 은퇴하고 나서 제2의 인생을 어떻게 살아야 할지 가끔 생각하지만 막연하다. 택시 운전을 하면 어떨지. 어린이집 차량 운행도 하고 싶다. 싱그러운 아침마다 밝은 어린아이들을 대하는 기분, 새 삶이 될 듯하다.

아내는 젊은 목사 부부를 격려하는 삶을 살고 싶다고 한다. 매주 두 가정을 따로 만나 그들의 이야기를 사심 없이 들어 주고, 봉투도 건네면서 격려하면 좋겠다고 한다. 듣고 보니 정말 필요한 일이고 근사한 계획이라는 생각이 들었다.

많은 직업이 힘들고 어렵지만, 목사와 사모도 그렇다. 목사와 사모는 마음에 균열이 일어나는 경우가 많다. 그것은 기도만으로 풀리지 않는다. 누군가에게 이야기를 꺼내 놓고 마음을 나누는 시간을 가져야 한다. 점점 신학교 지원율이 떨어지고 진심으로 전임 목회하려는 젊은이들을 찾아보기 어려운 상황이다. 살벌해지고 냉랭해지는 목회 환경 속에서 지친 이들의 몸과 마음을 위로하고 격려하는 일은 누군가 꼭 해야 할 역할이다.

돌아보면 담임 목회를 시작하고 나서 10년이 되었는데 선배 목사님들에게 그런 따뜻한 대접을 받아 본 기억이 거의 없다. 다른 꿍꿍이가 있어서 거래하는 차원에서 만나는 것 말고 정말 우리 부부를 아끼고 사랑하는 선배 목사님 앞에서 허심탄회하게 우리 이야기를 나누고, 연약함을 고백하고, 위로와 격려를 받아 본 적이 거의 없다.

"은퇴 후가 아니라, 지금이라도 가끔 해 보는 건 어때?"

아내의 제안이 좋아 보여 물었더니, 아내가 한소리 한다.

"당신도 버벅거리며 목회하는데 누구 이야기를 들어 줘."

순간 크게 웃었다. 그것도 맞는 말이다. 근사한 계획을 실행하기 위해서는 연륜도 있어야 하고, 정말 목회를 잘 감당하고 은퇴해야 하며, 경제적인 여유도 있어야 한다. 갈 길이 멀다.

문득 하나님께 환대를 받은 자는 세상을 환대하는 자로 살아야 한다는 조슈아 지프의 이야기가 떠오른다. 우리가 건축하는 공간도 지친 마음을 위로하고 사심 없이 환대를 베푸는 장소가 되었으면 좋겠다. 누군가에게 위로를 주며 소망이 되는 그런 곳 말이다.

완성

건축 현장을 오며 가며 둘러본다. 하루가 지나면 또 다른 변화가 일어나는 곳. 우리 예배당이라 그런지 더 많은 관심을 쏟고 기도하게 된다.

지난 금요일 아침, 갑작스럽게 현장을 둘러보고 싶은 마음이 들었다. 옹벽이 세워졌기 때문에 지하부터 2층까지의 공간을 확인하고 싶었다. 현장 소장님이 안전모를 건네주고 지하부터 함께 돌면서 설명해 주었다.

맨 먼저 주차장 자리를 둘러보고, 도서관 자리에 서자 책이 가득 꽂힌 서가가 그려졌다. 돌아 나오면서 현관 앞에 서자 비로소 현실감이 생긴다. 하나하나 신비로웠다. 물론 설계도를 통해 수없이 확인하고 인지한 바였지만 직접 둘러보니 감흥이 새롭다. 2층에는 물건이 많아서 도저히 들어갈 틈이 없었고, 본당이 있는 3층은 콘크리트 타설이 된 상태였다.

　현장에서 애쓰는 이들의 노고, 그리고 건축을 위해 남몰래 드려지는 성도들의 기도와 헌신. 오래전부터 이 일을 계획하신 분의 섭리에 따라 공정은 진행되고 있었다. 인도에 짓는 병원도 건축 허가가 나왔다면 이제 건물이 거의 다 올라왔을 시점인데, 그 부분이 안타깝다. 허가도, 건축도, 목회의 계획도 사람의 뜻이나 일정대로 진행되는 것이 아니라는 사실 앞에 겸손해진다. 머무는 시간만큼 기도가 필요하고, 지체되는 만큼 인내가 필요함을 배운다.

　최근 가장 큰 고민은 인테리어다. 단순하면서도 세련되어야 한다는 방향을 가지고 있지만 마음 어딘가에 자리 잡은 디자인을 만나기 어려웠다. 과하지 않으면서 단순한, 평범하지만 특별한, 성전이 아니면서도 경건한, 질리지 않으면서 머물고 싶은 공간을 위해 기도한다.

　하루 날을 잡아 인테리어 시공과 관련하여 여러 자료를 살펴보았다. 두 업체의 대표와 통화도 하면서 가능성을 타진해 보았는데, 최근 한 업체와 계약을 맺으려 준비하고 있다. 공간을 재해석하고 사용자 입장에서 필요를 찾아내어 디자인을 구성하는 철학이 마음에 들었다. 교회 인테리어 경험이 많지 않아 오히려 신선했고, 새롭고 창의적인 디자인이 나오지 않을까 하는 기대감이 든다.

　장마가 끝나고 뜨거운 여름이 지나면 골조는 다 올라갈 것이고, 가을바람이 불어오면 울타리를 거두어 낼 것이다. 인테리어 시공과 함께 각종 물품이 채워지면 어느 정도 윤곽이 드러날 것이지만 결국 그 공간에서 예배하며 교제하는 성도의 얼굴이 그 건물의 가치를 결정할 것이다. 건물의 완성은 사람이다.

🌱 옥상의 낭만

　옥상은 숨통이 트이는 곳이다. 기지개를 펴고 주변 경관을 바라보기도 하고, 생각할 거리가 있을 때 혼자 거닐기도 한다. 임시 처소를 두고 조합과 협상할 때, 옥상이 포함된 것이 마음에 들었다. 짧은 시간이지만 옥상을 누릴 수 있다는 건 고마운 일이다.

　'찾는이와 함께 드리는 예배'를 기획하면서 옥상을 활용했다. 숯불에 석쇠를 놓고 맥반석을 뜨끈뜨끈하게 달구어 고구마를 구워 냈다. 쥐포와 쫀드기를 굽고, 어묵과 함께 따뜻한 국물을 준비했다. 다른 한쪽에는 아이들을 위해 솜사탕 기계를 돌렸다. 옥상 중앙에는 장작불을 피워 분위기가 더욱 좋았다.

　어묵 국물은 칼칼했다. 쥐포는 추억의 맛을 살려 냈고, 어린 시절 불량 식품의 대명사 쫀드기는 어른들의 향수를 자아냈다. 새 가족 김영기 성도님이 정선에서 손수 농사 지은 고구마는 보기만 해도 탐스러웠다. 삼삼오오 모여 웃음꽃을 피우며 사진을 찍는 성도들을 바라만 봐도 온기가 가득했다.

　타는 장작이 신기했던지 아이들이 다가와 휘젓기도 하고, 쫀드기를 굽기도 했다. 캠핑을 가지 않는 이상 아파트에 사는 아이들에게 장작불을 쬐는 일은 특별한 경험이었다. 오후에는 장작 주변에 둘러앉아 불멍을 하기도 하고, 이야기꽃을 피우기도 했다. 재개발이 가져온 것인지, 임시 처소의 혜택인지, 주일 오후에 한 폭의 그림 같은 풍경이었다. 오랜만에 누리는 옥상의 낭만. 사전은 '낭만'을 이렇게 정의한다.

낭만: 현실에 매이지 않고 감상적이고 이상적으로 사물을 대하는 태도.

현실에 있지만 현실에 매이지 않을 수 있을까. 걱정이 되지만 걱정에 매이지 않을 수 있을까. 잠깐이라도 문제를 장작 불꽃 속에 내려놓는다. 단풍 구경도 못했는데 겨울이 다가오고 있다. 예배당 건축은 막바지 작업이 한창이고, 인테리어 회사는 '자부심' 글자를 붙여 놓고 일을 시작했다. 인도에 병원 선교를 위한 첫 건축 비용을 송금했다. 그 와중에 앞으로의 목회를 구상하면서 새 예배당으로 이사를 준비해야 한다.

늘 변수가 있지만, 문제에서 답을 찾아간다. 돌파구보다 그냥 우직하게 버티며 간다. 목회 여정 끝에 귀로 듣기만 했던 그분을 눈으로 직접 뵙는 그날, 낭만 가득할 그날을 꿈꾼다(욥 42:5).

노숙인들이 교회 방문 후 돌아가는 길

교회 이사 후 찾아오지 못할까 봐 노숙자들에게
임시 처소를 자세히 설명해 주었다.
서로 의지하며 걸어온 이 길, 걸어갈 그 길이 조금 더 오랜 시간
이어지기를 바라는 마음으로 사진을 찍어 두었다.

철거 중인 교회 신축 현장 주변

교회는 '대안 공동체'이다.
이 세대 한복판에 있으면서도 변화하는 능력으로
이 세대를 품어 녹여 낼 수 있는,
그리하여 변화된 삶의 자리를
창조적으로 만들어 가는 그런 공동체다.

'First Hope Clinic' 완공 및 개원 감사 예배

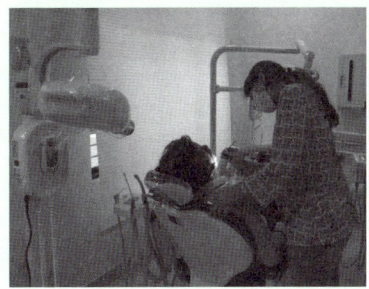

이은옥 선교사 수빌로이 목사 부부의 선교지, 인도

PART 2 성장

이 산지를 내게 주소서

오늘 내가 팔십오 세로되 모세가 나를 보내던 날과 같이
오늘도 내가 여전히 강건하니 내 힘이 그때나 지금이나
같아서 싸움에나 출입에 감당할 수 있으니 그날에
여호와께서 말씀하신 이 산지를 지금 내게 주소서
여호수아 14:10~12

🌿 온 가족 공동체

　언제였나, 아이들과 놀이공원의 바이킹을 탔다. 어지럽고 메스꺼워 힘들었다. 조카가 같이 더 타자고 했지만 손을 내저었다. 도저히 안 되겠다며 벤치에 앉아 있었다.

　10대 때는 놀이기구 타는 것을 워낙 좋아해서 계속 타고 싶었다. 20대 때는 번지 점프도 했다. 운동이든 놀이기구든 뭘 하는 것에 대한 두려움이 없었는데, 이제 몸의 반응이 더디고 두려움이 앞선다. 바이킹을 반복해서 타고 뛰어다니는 아이들을 보면서 나이가 들었구나 생각했다.

　몇 주 전에는 한나절 시간을 같이 보내고 식사도 했던 이들이 그날 밤 코로나 확진 판정을 받고 증상도 시작되었다는 소식을 들었다. '이제는 정말 나도 걸렸구나' 생각했고, 아내와 아이들에게도 이 사실을 전했다. 며칠 동안 추이를 지켜보기 위해 밤 10~11시 사이에 퇴근한 후 집에서 잠만 잤다.

　아이들은 내가 안방에서 모든 것을 다 해결하도록 준비해 놓았다. 격리 생활이 시작되었다. 편한 부분도 있었지만 마음이 좀 이상했다. 공동체와 단절되어 혼자 있는 것이 결코 좋은 것이 아니라는 사실을 절감했다.

　몸의 변화, 마음의 변화로 요동치는 나를 보면서 이 부분을 수용하는 것이 쉽지 않고 편치 않겠다는 생각을 했다. 동시에 주변 어르신들도 몸이 위축되고 마음이 복잡하고 서운할 때가 얼마나 많을까 생각하게 되었다.

어버이주일이다. 그동안 교회와 나라를 지켜 온 어르신들의 생각을 조금 더 존중하고, 손이라도 한 번 더 잡아 드리는 시간이 되었으면 좋겠다. 공동체의 기억을 오랜 시간 향유한 분들의 신앙과 지혜와 기도가 젊은 세대와 어린아이들에게 전수되고, 그 생기로 가득 차는 역동성이 살아 있는 교회가 되었으면 좋겠다.

나이 듦과 노화가 퇴보의 시간이 아니라 전통을 이어 가며 서로에게 활력을 불어넣는 기회가 되었으면 좋겠다. 어린아이들과 어르신들, 젊은이들이 함께 있는 것이 가장 귀한 복이다. 서로 안부를 묻고, 격려하며 기도하고, 관심과 사랑을 주고받으며 가끔은 한자리에 모여 함께 예배드린다면 그것이 바로 참된 교회요 온 가족 공동체다.

> 의인은 종려나무같이 번성하며 레바논의 백향목같이 성장하리로다 이는 여호와의 집에 심겼음이여 우리 하나님의 뜰 안에서 번성하리로다 그는 늙어도 여전히 결실하며 진액이 풍족하고 빛이 청청하니 시 92:12~14

🌿 무심하게, 뭉근하게

성경을 조금 더 깊이 알고자 하는 성도들을 위해, 올해부터 조직신학의 순서를 따라 커리큘럼을 구성했다. 2년 4학기 과정을 꾸준하게 진행하면 성경을 읽는 데 도움을 받을 것이라 기대했다.

한 학기에 한 번은 외부 강사를 초청해 공개강좌 형태로 진행하기로 했다. 평소에 성경대학에 참여하는 분들과 강의를 진행하는 목사님도 힘을 얻고 격려받을 것이라 생각했다. 커리큘럼 중에 '작정과 섭리'에 대한 주제를 3월부터 유태화 교수님께 부탁드렸는데, 마침 강의가 없는 수요일 밤이어서 흔쾌히 응해 주셨다.

성경을 읽고 설교를 듣지만 속 시원하게 풀리지 않는 의문들이 이번 강의를 통해 해결될 수 있도록 기도하며 준비했다. 1시간이면 충분하지 않을까 생각했지만 강의는 1시간 30분이 넘도록 이어졌다. 강의 후에 진지한 질문이 계속되었는데 그 과정에서 교수님의 개인적인 간증이나 실제적인 이야기를 보다 넓은 관점에서 들을 수 있었다.

교수님 특유의 유머와 함께, 강의는 학교에서처럼 칠판을 중심으로 왼쪽에서 오른쪽으로 또다시 오른쪽에서 왼쪽으로 몇 차례 이동하면서 진행되었다. 창세기부터 로마서까지 넘나들고, 과학과 인문학과 사회와 경제와 정치를 두루 터치하며 창조의 섭리가 해석되었다. 전체적으로 날카로운 명제보다 둥근 신앙의 여유로움이 묻어 나왔다.

교수님은 신학적인 논제를 깊이 파고들기보다 이미 밝혀진 하나님의 뜻(작정)이 십계명을 통해 드러난 부분을 섭리와 연관시켜 설명해 주셨다. 회중의 상황을 고려하여 성경에 친숙한 접근을 시도한다는 느낌이 들었다. '무심하게' 성경을 읽어 가면서 새로운 가치관을 형성하고 '뭉근하게' 가는 신앙을 요구하는 장면이 인상 깊었다.

아내와 연애할 때 하나님의 뜻이 무엇인지 구한 적이 있었다. 개인적으로 풀기 어려운 현실적인 문제가 있을 때 교수님은 이메일을 통해 진실한 조언을 주셨다. 그 조언을 통해 방향을 잡았고, 결혼 후

20년이 훌쩍 지나 하나님의 작정과 섭리에 대한 강의를 듣게 되었다. 탁월한 섭리가 아닐 수 없다는 생각을 하며 시계를 보니 벌써 밤 10시를 향하고 있었다.

피곤한 시간 함께 모여 귀한 강의를 경청하는 성도들을 보면서, 그리고 정말 많은 은혜와 도전을 받았다는 이야기를 들을 때 마음이 든든했다. 전철 타고 가기에는 늦은 시간이라 인천까지 직접 교수님을 모셔다드렸다. 깊은 밤 돌아오는 길, 봄바람은 시원했다.

교회가 교회되게

주일예배 중에 간소한 취임식을 했다. 우리 교회는 다른 교회에서 장로가 이명해 올 경우 최소 5년이 경과해야 당회에서 논의할 수 있다.

작년 정책 당회 때 이재호 협동장로님을 시무장로로 세우기로 결의했고, 지난 1월 공동의회를 통해 성도들이 100% 지지로 화답해 주었다. 최근 임직을 받은 김종호, 김규환 장로님과 제자 훈련을 하면서 하나님 나라 복음의 비전을 공유했는데 이재호 장로님과도 작년 가을에 제자 훈련을 하면서 귀한 나눔을 가졌다.

제자 훈련을 하다 보면 목회자로서 알고 있는 것이 너무 적다는 사실을 깨닫게 된다. 성도의 기도 제목, 고민하는 지점, 인생과 신앙의 여정, 삶의 가치관과 목표 등에 대하여 깜깜이다. 하지만 진솔한 나눔은 서로를 깊이 알도록 도와준다.

이런 관계 속에서 목회의 방향을 함께 맞추어 가는 일은 즐겁고 감사한 일이다. 일하는 방식이나 스타일은 서로 다를 수 있지만, 복음을 선명하게 이해하여 교회를 세워 가는 일의 본질은 동일하기 때문이다. 서로 같아서 편한 부분도 있지만 다르기 때문에 더 다양한 빛깔의 조합을 이룰 수 있다.

장로님 부부는 취임식에 오는 사람들을 위해 답례품을 준비하길 원했다. 그러나 교회 방침은 임직자들이 돈을 내거나 선물을 하지 않는 것이기 때문에 이 부분을 설명하며 정중히 거절했다. 앞으로 가야 할 길이 만만치 않기에 오히려 성도들의 응원과 격려와 기도가 필요하다.

장로로 세움을 받고 교회를 섬기다 보면 본의 아니게 상처를 받거나 큰 부담을 떠안게 된다. 시간과 돈을 사용하면서 더 겸손해져야 하고, 반드시 자기 부인이 필요하기에 하나님의 부르심의 과정이 없다면 쉽게 응답할 수 없는 직분이다.

어느 장로님은 이재호 장로님에게 이제 당회 들어오기 전마다 우황청심환을 먹고 들어오라고 엄포를 놓았다. 장로님은 그 이야기를 들으며 웃었는데, 나는 매번 그런 것은 아니고 1년에 한두 번만 먹으면 된다고 했다.

돌아오는 정기 당회부터 새로운 마음으로 출발한다. 마음을 다 잡으려고 《교회다운 교회》 책을 구입했다. 필요한 부분을 함께 읽고, 성도의 기도 제목을 먼저 나눈 후 뜨겁게 기도하고 회의를 시작할 것이다. 교회다운 교회를 위해 다시 한 걸음.

> 교회는 이 땅에서 하늘에 있는 하나님 나라의 모습을 보여 주어야 합니다. 그것이 교회다운 교회, 칭송받는 교회의 참된 모습입니다. 신호섭,《교회다운 교회》

🌿 고기서 고기

몇 주간 짓누르는 근심이 떠나지 않는다. 성경대로 6일 동안 힘써 공부했다면 주일은 학생들의 몸도 마음도 쉬는 시간이어야 한다고 생각하지만 이미 공교육만으로 불분명한 상황에서 사교육은 선택이 아닌 필수가 되었다.

무거운 마음을 안고 먼저 중고등부 교사 간담회를 가졌다. 소통이 잘 안 되고, 참여율이 저조하고, 대학 입시가 모든 이슈를 삼켜 버리니 출구를 찾기 어렵다. 충분히 예상했지만 교사들의 이야기를 직접 들으니 마음이 더 무거워졌다. 출산율이 저조하고, 문화적 차이로 인해 서로 담을 형성해 가며, 예전만큼 열정을 낼 수 없는 우리 마음부터 냉랭해진 시대이다. 그럼에도 오늘 교사의 직분을 감당하느라 수고하는 이들이 있어 고마웠다.

중고등부 사역에 대한 여러 자료를 살피고 있지만 목회 사역이라는 것이 원래 뾰족한 대안은 없다. 교회마다 지역마다 주어진 상황이 다르기 때문이다. 뭘 어떻게 해야 할지 그 답은 누구나 다 알고 있지만, 실제로 어떻게 접근하고 어떻게 소통해야 할지 막막하다. 교사들과 몇 가지만 이야기를 나누었다.

첫째, 숫자의 부담을 내려놓자는 것이다. 모든 것이 수치로 계산되어 평가받고, 성공의 잣대를 논하는 시대다. 교회 교육의 문제는 숫자의 문제가 아니라 믿음 없음의 문제이다. 골리앗 앞에서 이스라엘이 다 얼어붙었지만 다윗 한 사람이면 충분했다. 하나님이 일하시는 방법이다. 우리의 사명은 숫자를 늘리는 것이 아니라 믿음의 사람을 키워 내는 것이다.

둘째, 말씀 안에서 즐거움을 누리자는 것이다. 어느 목회 현장이든 결코 낭만적이지 않다. 고통과 부담, 분노와 상처, 패배와 좌절감 속에서 걸어간다. 유일하게 힘이 되는 것은 말씀이다. 새벽에 기도하다 보면 하나님이 주시는 말씀이 있다. 커피 마시며 성경을 읽을 때 강력한 위로가 있기에 사역의 현장에서 버틸 수 있다. 어떤 사역이든 탈진의 위험성은 늘 도사리고 있다.

셋째, 공동체의 아름다움을 제공하자는 것이다. 서울대 학생 50%가 열등감에 시달린다는 통계를 본 적이 있다. 서로 비교하면 늘 불안하고 모자란 사람이 된다. 공동체 안에서는 한 가족이다. 사랑하는 이들이 있을 때 자아존중감이 생긴다. 기회가 된다면 학생들과 라이딩, 지리산 종주, 둘레길 걷기, 낚시, 래프팅을 하고 싶다. 핸드폰보다 훨씬 재미있고 아름다운 것이 많다는 것을 알려 주고 싶다.

옥상에서 사용할 바비큐 그릴을 구입했다. 청년들도 학생들도 고기 많이 구워 주어야겠다. 하버드를 나오든 지방대를 나오든 우리 인생은 다 '고기서 고기'다. 우리 아이들은 옥상에서 고기와 상추 실컷 먹고 믿음 안에서 멋진 소망을 품어 사랑을 나누는 그리스도인으로 성장했으면 좋겠다.

🌿 이 산지를 내게 주소서

 건강하면 칠십 세가 되어도 나이는 들어 보이나 늙었다는 생각이 들지 않는다고 한다. 예수님은 유대인들과 논쟁하다가 "네가 아직 오십 세도 못 되었는데 아브라함을 보았느냐"(요 8:57)라는 이야기를 들으셨다. 이제 갓 서른인 예수님의 모습이 어떠했기에 그들은 그렇게 물었던 것일까. 이 대목을 읽을 때마다 오십이라는 나이가 굉장히 크다고 생각했는데, 나도 어느덧 오십을 바라보는 나이가 되었다.

 나는 그대로인 것 같은데 인식하지 못하는 사이에 나이가 들었다. 옛날 사진을 보면서 이때 참 젊었구나 할 때, 지도하던 청년들이 결혼해서 아이를 낳을 때, 그 아이들이 점점 성숙해 갈 때, 군인 아저씨가 아니라 '군인 애들'처럼 보일 때, 비로소 내 나이를 가늠하게 된다.

 지난 목요일 오랜만에 실버대학을 다시 열었다. 열네 분의 어르신들이 기대하는 마음으로 참여했다. 황요한 목사님은 노련하게 어르신들과 소통하며 호흡했다. 아프리카어로 된 주기도문 찬양과 영상은 신선한 감동을 주었고, 오랜만에 듣는 정훈식 집사님의 감칠맛 나는 인생 강의를 통해 생각이 자극되었다. 이미륵과 김동리의 자서전도 소개받았다. 집사님들이 정성껏 준비한 점심은 풍족함을 더해 주었다. 식사를 마친 후에는 건축 현장을 둘러보는 시간도 가졌다. 이제 기초공사가 거의 마무리 단계에 있는데, 어르신들과 현장을 방문하니 그 자체로 은혜가 되었다.

 나이 드는 것, 어찌 보면 자연스러운 현상인데 언론에서는 기후 위기와 더불어 노인 문제를 계속 거론한다. 외로움과 질병과 빈곤의 문제는 국가 차원에서 풀어 주어야 하는데 워낙 속도가 빠르니 제대로 대처하기가 어렵다.

이제 실버대학도 교회의 한 프로그램으로 운영하는 것이 아니라 조금 더 긴 호흡을 가지고 계속 확장해야 하는 시대적인 과제가 되었다. 어르신들이 소외되지 않도록, 우울하지 않도록, 새로운 활력이 넘치도록, 행복이 전염되도록 우정을 나누며 의존할 수 있는 공간을 열어 가고 싶다. 교회가 어르신들의 친구가 되며 진정한 소망을 나누는 공동체로 전환되기를 소망한다.

실제로 어르신들과 대화해 보면, 대접과 섬김을 받아야만 하는 분들이 아니다. 여전히 활동적이며 에너지가 넘친다. 어르신들의 기도, 신앙, 격려와 사랑, 축복이 교회를 든든하게 한다. 그 기백은 변함이 없다.

> 오늘 내가 팔십오 세로되 모세가 나를 보내던 날과 같이 오늘도 내가 여전히 강건하니 내 힘이 그때나 지금이나 같아서 싸움에나 출입에 감당할 수 있으니 그날에 여호와께서 말씀하신 이 산지를 지금 내게 주소서 수 14:10~12

🌿 아름다운 기억

채수동 집사님이 기억을 많이 잃어버렸다. 팬데믹 때 혼자 지내서 그런지 요일과 시간 개념도 많이 흐려졌다. 요즘에는 내가 전화를 해도 거의 받지 않는다. 주일 차량 운행하는 분도 직접 집 앞에 가서 문을 두드려야 나오는 상황이다.

실버대학을 위한 차량 운행 코스를 세 군데로 나누었는데 그중 하나를 내가 담당하게 되었다. 같은 아파트에 살며 상황을 잘 알기에 목요일마다 내가 채 집사님을 모시고 다닌다.

몇 주 전 갑자기 일이 생겨 윤여명 목사님에게 운전을 부탁했다. 그런데 윤 목사님이 나에게 전화를 걸어왔다. 내가 알려 준 집을 찾아가 초인종을 눌렀더니 엉뚱한 사람이 나왔다고 했다. 나는 그럴 리 없다고 다시 한 번 체크하라고 했는데 나중에 알고 보니 내가 호수를 잘못 기억하고 있었다. 잘못된 기억을 확신하고 있었다. 기억은 흐릿해질 수도 있고, 부분적으로 기억할 수 있으며, 기억하고 싶은 부분만 선별적으로 기억할 수 있음을 알게 되었다. 목사님에게 미안했다.

지난 월요일 아파트 근처에 앉아 있는 집사님을 발견하고 이번 주 목요일에는 소풍에 가니 꼭 같이 가자고 했다. 목요일 아침 모시러 가기 위해 공동 현관문 앞에 서 있는데 집사님이 막 나오고 있었다.

"집사님, 어디 가세요?"

"밥 먹으러 갑니다."

"오전 10시인데 무슨 식사를 하셔요?"

"점심 먹으러 갑니다."

"집사님 오늘 소풍 가기로 했잖아요."

"식사해야 해요."

"그럼 실버대학 소풍은 안 가셔요?"

"그럼 지금 가지요."

대화가 이어진 것이 신기하다. 실버대학 어르신들 모시고 반월역 근처에 있는 '개수리 막국수'에서 점심 식사를 한 뒤, '이풀정원'으로 이동하여 시간을 보냈다. 돌아가는 길, 마당을 밟으며 채 집사님에게 오늘 어땠냐고 물으니 "여기가 외국인가요?" 한다. TV에서 본 외국처럼 참 좋았다면서 "목사님, 어여 일 보러 가셔요, 바쁘신데"라고 하길래, "제가 운전하고 왔는데 어딜 가요? 다시 모시고 가야지요"라고 말했다. 집사님도 나도 웃었다.

많은 부분의 기억이 소실되었지만, 삶의 남은 시간을 공동체와 함께 아름다운 기억으로 채워 가면 좋겠다. 돌아오며 반월호수 주변에 잠깐 내려 호수와 벚꽃을 바라보고 어르신들과 한가로운 대화를 나누었다. 박덕성 집사님 입담은 언제 들어도 유쾌하다. 아직 다 개화되지 않았지만 어르신들 마음속에 이미 활짝 꽃이 피었다.

> 우리가 낮아졌을 때에, 우리를 기억하여 주신 분께 감사하여라.
> 그 인자하심이 영원하다. 시 136:23, 새번역

결정

결혼을 앞둔 현정 자매가 남자친구와 함께 '신혼 기초 교육 과정'을 신청했다. 결혼 전에 여섯 번 만남을 가지고 커리큘럼에 따라 대화를 나누면서 결혼의 의미를 탐색하는 시간이다. 여기서 기초는 ABC를 말하는 것이 아니라 '토대'를 의미한다. 무엇이든 기초공사와

밑바탕이 든든해야 그 위에 무엇인가를 올릴 수 있는 법이다. 신앙도 가정도 기초가 중요한 이유다.

현정 자매는 연애할 때부터 교회 문제에 관해서 고민이 있었다. 둘 다 현재 섬기는 교회가 모 교회이고 교회에 대한 남다른 애정이 있다 보니, 연애를 시작하면서부터 결혼 이후 신앙생활을 어디에서 할지를 두고 첨예하게 대립했다. 감정의 평행선을 달리다가 아예 서로 그 문제를 꺼내지 않았다고 한다.

몇 년 전 그 이야기를 듣고는 힘들어도 대화를 해야 한다고 권면했다. 둘 다 믿음으로 살기 때문에 하나님의 뜻을 분별하리라 생각했다. 목회자로서 이런 지점이 늘 어렵다. 인간적인 방법을 동원해서 어떻게 해서든 우리 교인을 만들어야 하는지, 아니면 태연하고 쿨한 척하며 하나님의 인도하심을 내세워야 하는지, 사실 이래도 저래도 마음이 편치는 않았다.

원한다고 다 얻을 수 있는 것이 아니요, 무엇인가를 잃었다고 해서 손해나는 것은 아니지만 근시안적 태도는 마음을 조급하게 만들어 놓는다. 내가 하면 당연한 것으로, 내가 당하면 억울한 상황으로 결론을 내린다. 하지만 모든 것을 나 위주로 생각하는 버릇 때문에 우리는 상대방 입장보다 내 입장의 당위성을 더 강조한다.

교육 과정을 마치는 날, 현정 자매는 남자친구의 교회에 나가기로 결정했다는 말을 어렵게 꺼냈다. 그럴 수 있다고 예상 못한 것은 아니지만 막상 그 이야기를 듣자 못내 아쉬웠다. 나뿐만 아니라 아내도 마음을 정리하고 수습하는 시간이 필요했다.

아내는 며칠 동안 청년 시절 다녔던 교회 목사님의 심정을 헤아려 보는 시간을 가졌다. 내가 목회자이기 때문에, 나를 만난 아내는 다니던 교회를 떠나야 했다. 당연하게 생각했던 그 일이 그 교회 목사님과 성도들에게는 어떠했을지, 아주 오랜 시간이 지나서야 입장을 바꿔 놓고 생각해 보게 되었다.

그리고 보면 나는 쿨하지 못한 사람이다. 차라리 유경 자매의 말이 와닿았다.

"목사님, 현정 언니는 참. 왜 그렇게 믿음 좋은 사람을 데려왔는지 모르겠어요. 그냥 나처럼 믿음도 별로 없고 적당한 남자를 데려왔어야지."

현정 자매는 어려운 말을 꺼내며 내게 주례를 부탁했다. 새로운 신앙의 여정을 떠나는 자매에게 마지막 귀한 선물이 되었으면 좋겠다.

그리운 커피믹스

뭔가 결심을 했을 때 그것을 지속하며 모종의 성과를 낼 수 있는 좋은 방법은 주변 사람들에게 알리는 것이다. 나 같은 경우 살을 빼기로 결심하고 그 사실을 성도들에게 이야기했다. 공개적인 자리에서 말했기 때문에 그에 대한 부담을 가지고 노력했다. 공개적으로 밝히지 않으면 슬그머니 뒤로 빠질 수 있기 때문이다.

그런 면에서 목장(소그룹)은 우리 신앙생활에 지대한 영향을 미친다. 혼자 성경을 읽는 것보다 목장에서 함께 읽는 것이 유익하고 오래간다. 혼자 기도하는 것보다 목장에서 함께 기도하는 것이 힘이 된다. 봉사도 헌신도 마찬가지다.

　김덕환 집사님은 돌아가시기 전에 그렇게 커피를 찾았다고 한다. 평소 커피를 즐기지 않았기 때문에 가족 모두 의아했는데, 나중에 알고 보니 목장원들과 주일 점심 식사 후 함께 마셨던 커피믹스가 생각났던 것이다. 집사님에게 커피믹스는 그리움이었고 간절함이었다. 만나지 못하는 고통 속에서 함께했던 이들과 나누었던 작은 기쁨을 소환한 것이다.

　지난 3년간 우리 부부와 비슷한 또래의 부부 목장을 섬기는 행복을 누렸다. 분주함 속에서, 고통 속에서, 때로는 풀리지 않는 의문 속에서 삶을 나누고 기도하며 서로 든든한 지원군이 되었다. 어느덧 목자로 섬길 부부가 충분히 성숙하고 새 가족도 잘 정착했다는 판단이 들었다.

　또 다른 성장의 기회를 위해 우리 부부가 빠져야 한다는 사실을 인정하고 내려놓아야 했다. 마지막 글을 남기고 카톡방을 나오면서 힘들었지만 함께했던 시간들이 삶의 일부를 형성하고 있었다. 목사와 성도의 관계를 넘어 그리스도의 몸으로 연결되며 신비로운 은혜를 함께 누렸다. 팬데믹은 물리적 거리두기를 의도하지만 그리스도의 몸은 떼어 놓을 수 없다.

　최근 미국으로 유학을 떠난 성도 부부가 목장원들과 줌으로 연결하여 주일 오전에 모임을 갖는다는 이야기를 들었다. 진실한 공동체는 위기 속에서도 강하다. 올 한 해 목장에서 경건 훈련뿐만 아니라 건강한 취미를 공유하여 서로 목표를 세운 다음 격려해 주고 함께 열매를 내도록 하면 어떨까.

그리스도 안에서 진리를 공유하고 향유 옥합을 깨뜨리고 눈물로 그 발을 적시며 은혜에 대한 섬김과 헌신이 서로를 향할 때, 우리는 세상 속에서 진정한 교회로 존재하게 될 것이다.

밥 한번 먹자

함께 부르는 찬양에 힘이 실린다. 예배 전후로 성도들이 인사를 나누고 안부를 묻는다. 오랜만에 만나는 할머니 권사님과 청년 교사가 반갑게 인사를 한다. 계단에서 어른을 부축하는 모습이 든든하다. 여기저기 교제하며 함께 기뻐하는 모습이 눈에 들어온다. 밀린 이야기가 저렇게나 많을까. 서로를 대하는 모습이 반갑다. 교회답다. 팬데믹을 통과하기 전에는 당연하게 생각했던 성도의 교제가 얼마나 중요한지 실감한다.

우리는 혼자 살 수 없기에 관계를 맺고 공동체를 이루지만, 그러다 보면 가장 가까운 사람에게 상처를 받거나 어려움 당하는 일도 종종 발생한다. '고슴도치 딜레마'라는 말이 있다. 추위를 견디지 못하고 서로의 몸을 기대어 온기를 나누던 두 마리의 고슴도치가 너무 가까워지면 서로의 가시에 찔려서 고통스럽고, 너무 떨어져 있으면 추운 상황을 말한다.

사람 사이 최적의 거리가 무엇인지, '세련된' 경계는 무엇인지 고민하게 된다. 추위를 감당할 수 없어 함께 있어야 하고 외로움을 견딜 수 없기에 관계를 맺지만 너무 가까우면 주고받는 상처가 생기다

보니 적당한 거리두기의 묘한 지점을 찾아내어 살아간다.

혼자 있는 것이 마냥 편할 것 같지만 그게 전부는 아니다. TV 프로그램 〈나 혼자 산다〉의 출연진들은 뭔가 허전하다는 말을 자주 한다. 혼자 사는 모습을 '같이 모여' 보고 즐기고 서로의 고충을 함께 나눈다. 홀로 있는 시간과 사귐의 시간, 혼자 사는 삶과 어우러진 삶의 균형이 필요하다.

요즘 누가복음을 설교하다 보니 예수님이 식사하시는 장면이 유독 눈에 들어온다. 초대도 많이 받으셨고, 식사 자리에서 말씀하신 내용도 많이 기록되었다. 먹는 이야기, 식사를 준비한 이야기, 잔치를 벌이는 이야기가 소재로 사용된다. 성도의 교제와 사귐, 식사와 나눔이 우리 신앙과 믿음을 형성하는 데 얼마나 중요한지 성경을 읽으며 다시 깨닫는다.

전도사, 부목사 시절에는 시간이 아까워 김밥을 즐겨 먹을 때가 많았다. 차 안에서, 이동 중에 끼니를 해결하면서 확보된 시간만큼 더 생산적인 일을 하고 싶었다. 사귐보다 효율과 성과를 더 중시했기 때문이다. 지금은 함께 밥 먹는 시간을 소중하게 생각한다. 기업은 성과를 내는 것이 목표이지만 교회는 관계와 사귐이 목적이다. 예전에는 '밥 한번 먹자'가 인사치레였는데, 지금은 소중한 말이 되었다.

나의 최측근

김두호 집사님은 팔십이 넘었는데도 여전히 정정하다. 이제는 몸이 예전 같지 않아 공사장에서 일은 못하지만 작은 체구로 늘 힘차게 걷는다. 그 발걸음으로 팬데믹 시기에도 무조건 온라인 예배가 아닌 본당 예배를 나왔다. 백신을 한 번도 접종하지 않아서 걱정되어 여쭤 보면, "하나님이 나를 지켜 주시는데 뭐가 걱정이야!"라고 한다. 내가 배운 신학 지식보다 순수한 믿음이다.

언젠가 집사님이 내게 매운탕을 사 주셨다. 집사님 사정을 알기에 내가 계산을 하려 해도 당신이 사야 마음 편한 모양이다. 어르신들이 그러면 못 이기는 척 받아들인다. 매운탕을 앞에 두고 어린 시절 추억을 시작으로 고향인 포항 영일만에서 고기 잡은 이야기며 제일소망교회 30여 년 역사를 망라하는 삶의 여정을 드라마처럼 엮어 내신다. 그러다 아들이 불의의 사고로 시력을 잃게 된 가슴 아픈 이야기도 듣게 되었는데, 아비로서 해 줄 수 있는 게 별로 없던 시절의 아픔이 고스란히 전해졌다.

최근에는 이사 문제로 기도 부탁을 하셨다. 5월 안으로 이사해야 하는데 교회 근처로 오고 싶지만 여러 조건이 맞지 않아 걱정이라고 하신다. 갈비탕을 포장하여 잠깐 댁을 방문했는데, 김 집사님은 자리에 없고 아내인 김맹순 집사님과 정기 형제만 있었다. 기도하고도 집 문제가 걱정되어 운전하고 돌아오는 길에 집사님 딸과 통화했는데 좋은 소식을 알려 주었다. 대야미 쪽에 신축 빌라 5층을 얻게 되었고 엘리베이터가 있어 좋다고 한다. 교회에서 늘 신경 써 주고 기도해 주고 함께해 주어 진심으로 감사하다는 이야기도 했다.

김 집사님과 다시 통화하면서 이런저런 대화를 나누었다. 지금 사는 곳에서는 버스 한 번이면 예배당에 올 수 있는데, 대야미 쪽에서는 전철과 버스를 갈아타야 하는 번거로움이 있지만 일찍 나오면 되니까 상관없다고 했다. 그러면서 "내가 초등학교밖에 나오질 못했고 지식이 없어서 임 목사 바로 옆에서 많이 도와주지 못하고, 주변에만 머물러 있다"라고 이야기하셨다.

순간 마음이 울컥했다. 배운 것이 없는지 몰라도, 집사님은 삶의 통찰력과 분별력 그리고 기준이 명확한 분이다. 주일에 집사님 얼굴 뵙는 것만으로도 큰 힘이 된다고 말씀드렸다. 조만간 한 번 더 매운탕 사 달라고 해야겠다. 우리 교회에서 매운탕을 사 주는 집사님이야말로 가장 큰 격려자이며 최측근이라고 말씀드려야겠다.

> 슬픔도 안으면 따뜻하다/ 마음도 안으면 따뜻하다/ 가슴이 없다면/ 우주는 우주가 아니다 나호열, 〈안아 주기〉

🌿 손수건 같은 만남

정채봉 시인은 가장 잘못된 만남은 '생선 같은 만남'이라고 했다. 만날수록 비린내가 묻어나기 때문이다. 가장 조심해야 할 만남은 '꽃송이 같은 만남'이라고 했다. 피어 있을 때는 환호하지만, 시들면 버리는 만남이기 때문이다. 가장 좋은 만남은 '손수건 같은 만남'이라고 했다. 힘이 들 때는 땀을 닦아 주고 슬플 때는 눈물을 닦아 주기 때문이다.

왜 손수건일까. 큰 도움은 아니더라도 꼭 필요한 역할을 할 수 있다면, 결국 필요한 만남이 좋은 만남이 아닐까 생각한다. 처음부터 만남의 성격을 규정할 수는 없다. 좋은 만남이었지만 나중에 비린내가 날 수도 있고, 비린내가 묻어 나왔는데 시간이 지나니 꽃송이 같은 만남이 되기도 하고, 오랜 시간 끊어졌다 다시 만난 관계가 손수건 같은 만남이 되기도 한다.

최근 한 형제와 종로에서 만남을 가졌다. 교회를 떠나 홀로 생활하며 시험을 준비하고 있어서 밥 한 끼 같이 먹어야겠다고 생각했다. 신앙적인 잔소리보다는 그냥 밥을 같이 먹고 격려해 주고 싶었는데, 식사하는 동안 지난 세월을 넘나들며 많은 대화를 나눴다. 마지막 인사를 나눌 때는 시험 합격도 바라는 바이지만 신앙이 회복되도록 기도해 달라고 하는데 속으로 놀랐다. 긴 여운이 남았다. 격려해 주는 자리였는데 도리어 격려를 받고, 축복해 주는 마음이었는데 도리어 복을 되돌려받았다.

박지순 권사님은 가끔 핫팩을 가져오신다. 가제 손수건으로 돌돌 말아 핫팩의 온기와 더불어 권사님의 따뜻함이 남아 있다. 핫팩의 열기는 금방 꺼져도 권사님의 온기는 오래간다. 사랑 담긴 가제 손수건 안에 돈으로 계산할 수 없는 넉넉함이 담겨 있다. 냉랭함은 보일러 잘못이 아니라 사랑이 없기 때문이다.

> 오늘날 악은 우리가 타인의 고통에 대해 일상적으로 무감각할 때, 타인을 이해하지 못할 때, 타인에 대한 이해를 거부할 때, 우리의 윤리적 시선을 무심코 거둘 때와 같이 일상적으로 나타난다. … 인간관계도 상품을 소비하는 소비자의 태도를 닮아 가면

서, 그 속도는 더 급박해지고 정체는 더 교묘해지고 있다. 지그문트 바우만, 《도덕적 불감증》

구정을 앞두고 길거리의 발걸음들이 분주하다. 화려하지 않아도 정결하게 살 수 있고, 가진 것이 적어도 감사할 수 있다. 작은 힘이라도 나누면 마음은 부자가 된다. 찬양 가사의 고백처럼 세상이 알 수 없는 참된 행복, 하나님의 선물과 같은 삶이 조그만 손수건 안에 담겨 있다. 갈라진 심장이 아니라 온전한 마음이고 싶다. 사람이 그리워지는 계절이다.

여유를 생각하다

남들보다 높은 곳에 오르려 하거나, 일을 너무 잘하려다 보면 여유를 갖기 어려운 법이다. 야구를 보면 코치들이 투수에게 "힘을 빼고 던져라"라는 말을 종종 하는데, 힘이 잔뜩 들어가면 원하는 곳으로 제구가 잡히지 않거나 몸에 무리가 될 수 있기 때문에 하는 조언이다. 말은 쉬운데 어린 투수들이 이를 실천하기란 어렵다. 힘으로 세게 던져 어떤 성과를 내고자 하는 마음이 강하기 때문이다.

담임 목회를 시작할 때 나 역시 비슷한 말을 많이 들었다. "여유를 가져라. 쉬엄쉬엄해라. 월요일은 아무것도 하지 말고 푹 쉬어라. 건강한 취미 생활을 가져라"라고 수도 없이 들었다. 목회란 전력을 다해야 하는 단거리 경주가 아니라 길고 긴 싸움의 여정임을 내다본

현실적인 조언이었던 것이다.

　이론상으로는 수긍이 되었지만 몸은 전투적이었다. 머리로는 이해가 되었지만 마음의 여유는 없었다. 그렇게 정신없이 달려오다 몸이 경고를 보내고 나서야 조금씩 숨을 고르고 건강을 생각하게 되었다. 이따금 멈추어 오늘의 자리를 확인하게 되었다. 열심만으로 안 되는 영역이 인생이고 목회이고 사람이라는 것을 깨달았다.

　열정은 좋은 것이지만 자격지심을 포장하는 수단이 될 수도 있다. 인정에 대한 목마름이 과욕으로 번질 수 있고, 내면의 무질서가 자신을 가혹하게 몰아세울 수도 있다. 앞날에 대한 두려움이 미래에 대한 철저한 계획으로 나타날 수 있고, 씻지 못한 상처와 질투가 분노로 드러날 수도 있다.

　이제 막 담임 목회를 시작하려는 목사님 부부와 대화를 나누면서 지나간 시간이 주마등처럼 지나갔다. 율법으로 정죄하지 않고 복음으로 설교하기, 아내와 자주 대화하고 산책하기, 시간을 지정해 놓고 푹 쉬기, 너무 잘하려 말고 무리하지 말기, 격려하고 품어 주기, 가족에게 감정을 표출하지 않기 등 여러 조언을 건네면서 보니 다 내가 실패한 경험담이다.

　그동안 내가 많이 참았다고 생각했는데, 돌아보면 우리 성도들이 더 많이 참아 주었다. 부족한 사람을 그래도 목사라고 존중해 주고 기도해 주고 참아 주어 여기까지 올 수 있었다. 모든 것이 은혜다. 나이 들수록 '사람'도 '목사'도 되어 가는 건가 보다.

🌿 청구성심병원

　깨진 유리창이 자고 있던 내 이마에 떨어졌다. 놀란 아버지는 나를 업고 동네 병원으로 급히 달렸다. 얼마나 아팠는지는 기억나지 않지만, 아버지의 숨소리와 간호사에게 다급히 상황을 설명하는 장면은 지금도 또렷하다. 병원을 두 군데 간 것으로 기억하는데 갈 때마다 간호사는 조금 더 큰 병원으로 가라고 했다. 그래서 간 병원이 은평구 연신내의 청구성심병원이다.

　수술실 기억이 난다. 의사 아저씨는 친절했다. 조금 있으면 꿈나라에 갈 거라며, 잠에서 깨면 사탕을 많이 주겠다고 약속했다. 겁이 나진 않았다. 무슨 일인지 자세히 몰라서 그랬을 것이다. 실제로 조금 있다가 잠이 들었고, 회복하기까지 한 달 정도 입원 생활을 했다. 정말 사탕을 받았는지는 기억이 나지 않는다.

　한 달 내내 어머니가 간호했고, 아버지는 《황희 정승》이나 《율곡 이이》와 같은 위인전을 사다 주셨다. 당시 아주 재미있게 읽었던 기억이 난다. 독서가 즐겁다는 것을 병원에서 처음 느꼈다. 반대로 밥은 맛이 없었다. 밍밍했고, 병원 밥 특유의 냄새가 별로였다. 지금도 가끔 병원에 심방을 가거나 하면 그 냄새가 느껴진다.

　나중에 어머니에게 이야기를 들으니 꽤 큰 수술이었다. 이마에 유리가 깊이 박히고, 왼쪽 귀도 많이 찢어져서 봉합 수술과 뇌 수술을 동시에 했다고 한다. 수술 이후 열이 심하게 나거나 감기에 걸렸으면 죽거나 뇌에 문제가 발생할 수 있었는데, 다행히 지금까지 아무 일 없다.

　유희분 권사님 입관 예배를 마치고 돌아오는 길에 전병록 집사님

어머니가 소천했다는 소식을 들었다. 전 집사님은 아침부터 수술 중인데, 어머니의 소식을 듣지 못하고 수술실에 들어가셨다. 수술이 끝나고 마취에서 깨어 그 소식을 듣더라도 장례를 할 상황이 아니다.

전경아 권사님은 남편이 모르는 장례 소식을 교회에 알리는 것이 부담이라며 교역자들에게만 소식을 전했다. 어떻게 이런 일이 일어날 수 있을까 마음이 아팠다. 아들은 어머니 모르게 수술실에 들어가고 어머니는 아들 모르게 눈을 감았다.

다음 날 새벽 설교 마치고 바로 안양에서 연신내로 향했다. 서부간선도로를 지나 새로 생긴 월드컵대교를 건너는데, 한강 사이로 해가 수줍게 떠올랐다. 연신내 주변으로 고층 건물이 많이 들어섰는데도 청구성심병원은 35년 전 모습 그대로다. 뇌 수술을 받았던 열 살 아이가 어느덧 중년이 되어 효자 집사님 대신하여 기도를 드렸다.

오는 길에 전 집사님과 잠깐 통화했는데 많이 우셨다. 뭐라 위로의 말을 전할 수 없었다. 주님이 다시 오시는 것 외에는 그 무엇도.

고립의 시대

최근 《고립의 시대》라는 책을 소개받아 읽는 중이다. 전문가들은 코로나보다 더 무서운 질병이 '외로움'이라고 한다. 스트레스를 경험할 때 외로운 신체는 외롭지 않은 신체보다 콜레스테롤 수치가 더 빠르게 증가하고 혈압 상승도 가파르다. 외로우면 만성 염증을 앓을 수 있고, 감기나 독감이나 편도염에도 취약해진다.

외로운 몸은 심각한 질병을 불러올 수도 있는데 관상동맥 질환에 걸릴 확률이 29%, 뇌졸중에 걸릴 확률이 32%, 치매 진단 확률이 64% 높다고 한다. 외로움은 다른 스트레스의 해악을 막대하게 증폭시킬 수 있는 스트레스가 되며, 몸의 회복조차 방해한다. 의사들의 말에 따르면 외로운 환자보다 외롭지 않은 환자의 병세가 더 빠르게 호전된다고 한다.

외로움은 정신 질환에도 영향을 깊게 미친다. 외로움과 고립은 잠을 잘 자지 못하게 하고, 수면 부족은 우울증 증상을 촉발한다. 우울증은 사람들과의 교제를 힘들게 하고, 이것이 외로움을 더 심화시킨다. 악순환의 반복인 것이다. 외로움은 불안을 일으키고 타인에 대한 경계심과 공격적인 성향을 강화시킨다.

책의 저자는 놀랍게도 셰익스피어의 희곡 〈리어 왕〉의 대사를 인용하며 외로움의 해법을 '공동체'로 제시한다.

> 슬픔을 나눌 동료가 있고 함께 견딜 친구가 있다면 마음은 많은 고통을 쉽게 극복해 낼 것이다.

가끔 단체 카톡방에 글을 잘못 올리는 경우를 본다(나도 가끔 그런다). 가령 자신의 목장에 올려야 할 글인데 목자 카톡방에 올리는 것이다. 글을 읽으면 미소가 지어진다. 목자가 목장원을 위해 애쓰는 모습이 보이기 때문이다. 관심을 기울이고 함께 우정을 나눌 동료 그리스도인이 있다는 것은 귀한 일이다.

로마서에서 장엄한 구원의 교리를 진술한 바울은 변화된 삶의 중거로 서로 사랑하고 연대하는 삶을 제시한다. 로마서 마지막을 장식하는 16장에는 "문안하라"라는 말이 많이 나오는데 이는 서로 포옹하는 인사법이라고 한다. 서로 안을 때, 우리는 뛰는 심장이 서로 닿아 사랑의 온기를 확인할 수 있다.

팀 경영의 지혜

내가 응원하는 야구팀은 이번 시즌 우승을 목표로 한다. 무려 29년 동안 우승을 바라보지 못했는데, 올해가 가장 적기가 아닌가 생각한다. 야구를 오랜 시간 보면서 전에는 이기고 지는 것에 관심이 많았다. 지금은 야구 그 자체, 또한 팀이 어떻게 세워지는가를 유심히 본다.

차명석 단장을 오래전부터 좋아했다. 가장 도전을 받는 부분은 그의 독서 습관이다. 그는 서른둘에 방출 통보를 받았다. 비교적 일찍 선수 생활이 끝난 것인데 그 후 도서관에서 2~3천 권의 책을 읽었다고 한다. 그가 다시 야구계로 돌아와 메이저리그 해설을 맡고, 투수코치를 하면서 좋은 영향을 끼치는 비결은 '독서의 힘' 때문이다. 지금도 일주일에 세 권 정도 읽는다고 한다. 몇 시에 자도 늘 일정한 시간에 일어나 오전에는 책을 읽고, 항상 약속 장소에 30분 먼저 도착해서 책을 읽는 것이 행복하다고 한다.

팀 전체가 변화되는 것을 보는 것이 야구 관람의 또 다른 기쁨 중 하나이다. 차 단장은 지난 5년간 팀의 체질을 바꾸어 놓았다. 코치가 공부하도록 만들었고, 선수들과 좋은 가치를 공유해 왔다. 또한 신인 선수 선발에서부터 육성까지 차근차근 미래를 그리면서 선순환을 이루어 내고 있다.

최근 두 가지 사건에 주목했다. 하나는 외국 용병 선수 교체 문제이다. 5년 동안 뛴 장수 외국인 선수 교체를 두고 팀 안팎에서 말이 많았다. 지난 4년간 투수로서 최고의 성적을 거둔 선수였는데, 우승을 노리는 올해 성적이 신통치 않았다. 누구보다 팀의 우승을 위해 희생한 선수이기에 팬들도 안타까웠지만 바꿔야 하는 것이 아니냐는 목소리가 많았다.

그 선수는 최근 인터뷰에서 야구는 비즈니스이기 때문에 못하면 교체되는 것이 당연하다고 했다. 차 단장도 자신이 직접 뽑은 용병이고 애정이 많지만, 그 감정이 단장으로서의 역할을 넘어서지 않도록 한다고 했다. 둘 다 멋있다. 결국 현장 감독과 프런트에서는 그 선수가 미진한 부분을 팀에서 채워 시즌 끝까지 가기로 했다.

다른 하나는 충격적인 대형 트레이드이다. 우승 적기라고 판단했는지 팀의 간판 유망주 두 명과 내년 신인 드래프트 1차 지명권을 내주고, 다른 팀 선발 투수를 데려왔다. 팀의 부족한 부분을 채우기 위해 유망주를 내주는 과감한 결단을 내린 것이다. 그동안 미래를 그리면서 많은 유망주를 키워 왔지만 이번에는 우승을 위해 사활을 걸었다.

오랜만에 잠실 야구장에 다녀왔다. 선수들의 동작에 나도 모르게 탄성과 환호, 박수와 탄식을 쏟아 냈다. 묵혀 둔 감정을 털어 버리자 기분이 전환되었다. 정말 우승이라도 하면 눈물이 나올 것 같다. 오랜 기다림의 시간만큼.

🌿 아파야 배우는 것들

　허리 디스크 통증 때문에 가장 긴장도가 높은 금요일과 토요일 대부분의 시간을 누워 지냈다. 홍해 앞에 선 것처럼 아무 일도 할 수 없었다. 혼자서는 양말 한 짝 신을 수 없고, 화장실 한 번 다녀오는 것도 고역이었다. 순식간에 아내는 하녀가 되었고 아이들은 심부름꾼이 되었다.

　허리가 펴지지 않으니 몸은 구부정한 'S자형'이 되었다. 비뚤어져 있었고 걸을 때면 민망한 상황이 연출되었다. 당장 주일이 걱정되었다. 천재지변이 아니라면 강단을 지켜야 하는데, 이 몸으로 성도들 앞에 서야 한다는 것과 예민한 장 때문에 예배 전에 수시로 화장실을 다녀와야 하는 것이 걱정되었다.

　누워만 있으려니 답답했다. 해야 할 일들이 계속 떠오르는데 아무것도 할 수 없었다. 일이 너무 많아서 힘들기도 하지만, 일이 전혀 없어서 힘들 수도 있고, 해야 하는데 하지 못하는 상황이 더 힘들 수도 있겠다는 생각이 들었다.

　장미자 집사님 생각이 많이 났다. 이틀 누워 있는 것도 이렇게 답답한데 간이식 수술 후 2년 이상을 누워 지내는 것이 얼마나 힘들었을지 감히 상상이 되지 않는다. 그동안 허리로 고생하던 분들, 요양원에 있는 어르신들, 수술을 기다리거나 항암 치료 중인 분들의 얼굴이 떠올랐다. 성도가 겪는 아픔과 어려움에 대하여 목사가 직접 다 경험할 수는 없지만 이렇게라도 고통을 조금 맛보면서 연대하는 것이 아닌가 하는 생각도 든다.

주일 설교를 겨우 마치고 일찍 퇴근했다. 목사가 아프면 성도들이 다 알게 되는 것 또한 심적 부담으로 다가온다. 집으로 돌아오는 길에 박지순 권사님이 약 하나 준다고 해서 받아 호계초등학교 쪽으로 가다가 교회 새 가족이 아파트 정문에 서 있는 모습을 오랜만에 보았다. 한동안 얼굴을 보지 못했기에 더 반가웠다.

옆에는 그분의 목자인 집사님이 서 있었고, 새 가족의 손에는 매일성경과 여러 가지 물품이 들려 있었다. 반가움과 감동이 동시에 밀려왔다. 허리 디스크가 아니었다면 절대 볼 수 없었을 장면이다. 조금 더 누워 있어도 되겠다는 생각을 했다.

빙수 한 그릇

주일 사역을 마치고 집으로 돌아오면 항상 달달한 것을 찾게 된다. 저녁을 먹은 후, 달달하고 시원한 빙수를 주문하기 위해 카페를 운영하는 진규 형제에게 연락을 했는데 받지 않았다. 매장으로 문의하니 전화 주문은 받지 않는다고 한다. 전화를 끊은 뒤 배달을 시키려고 했는데 주문이 많은지 여의치 않았다.

할 수 없이 직접 가서 주문하고 기다릴 생각으로 종일 집에만 있었던 아이들 바람도 쐴 겸, 데리고 나와 계원예대 앞으로 향했다. 가는 길에 진규 형제에게 전화가 왔다. 가게 가는 길이라고 하니 대신 주문해 놓겠다고 해서 메뉴를 이야기해 주었다. 본인이 쉬는 날인데, 한참 바쁠 때라 목사 오래 기다릴 것을 염려하여 직원에게 부탁한 것이다.

계원예대 앞에 주차를 시키고 아이들과 설빙에 들어가니 기다리는 손님들이 꽤 많았다. 내 뒤에 도착한 이들도 주문하려고 하니 직원이 한참 기다려야 한다고 했다. 그러는 사이에도 계속 배달 주문음이 울리고 직원들은 정신이 없었다.

직원에게 메뉴를 이야기했더니 "아, 사장님이 주문한 거죠?"라면서 거의 다 나왔다고 한다. 가는 사이 5분 만에 준비가 된 것이다. 진규 형제가 아니었으면 대략 1시간 이상 기다릴 뻔했는데 도착하자마자 거의 바로 물품을 들고 나왔다. 거기에 토스트 서비스까지.

매장을 나와 걷다가 문득 '사장님 찬스'로 새치기를 한 것 같아서 열없는 마음이 들었다. 매장에서 기다리는 다른 이들에게 미안했다. 딸에게 상황을 설명하면서 마음이 좀 무겁다고 했더니 곧바로 이런 대답이 돌아온다.

"괜찮아, 아빠 빽이 이런 거밖에 없잖아. 이런 거라도 누리면서 살아."

순간 웃음이 터졌다. 딸이 내 삶을 해석해 주고(아빠 빽이 이런 거밖에 없잖아), 삶의 방향을 규정해 주었다(이런 거라도 누리면서 살아). 무거운 마음이 가신 건 아니지만, 그 대답이 현실적이다.

손님들에게 미안한 마음을 뒤로하고 목사와 성도의 관계를 다시 생각해 보았다. 그동안 '이런 거밖에 없는 빽'으로 많은 성도의 사랑을 받으며 살아왔다. 아직도 받는 것에는 익숙하지 않다. 베풀고 주는 것이 차라리 편하다. 하지만 목사는 받는 것도 잘해야 한다. 서로 고마운 마음 잊지 않는다면 좋은 관계가 은혜이다.

🌿 휴가를 다녀오다

　노예근성이 있어서 그런지 체질상 쉬는 것을 잘 못한다. 뭔가 하지 않으면 불안하고, 뒤처지는 것 같고, 죄책감이 들기도 해서 무엇인가를 꾸준하게 하는 편이다. 혹사인지도 모르고, 일중독인지도 모르고, 최선을 다하는 것인지도 모르겠지만, 어느 순간부터 몸이 말을 듣지 않고 만성피로에 시달릴 때가 많았다. 집중력 저하로 인해 오히려 비효율적인 시간을 보낸다는 것을 깨닫고 이제는 쉼과 일의 균형을 갖고자 애를 쓴다.

　안식년을 따로 갖지 않고 매년 2주간 휴가를 사용한다. 여러 상황 때문에 휴가를 못 보내는 이들을 생각하면 마음이 편하지만은 않다. 하지만 목회를 해 보니, 잘 쉬지 않으면 오히려 목회를 제대로 할 수 없다는 사실을 배웠다. 잘 쉬는 것이 이기적인 것이 아니라 오히려 교회를 위한 일이라는 사실을 깨닫게 되었다.

　지나온 삶을 돌아보니 집과 학교와 교회라는 테두리를 벗어나 본 적이 별로 없다. 많은 것을 경험해야 성장하는 것은 아니지만 신나게 놀아 본 경험과 무엇인가 도전해 본 경험이 많지 않아 무엇인가를 시작하거나 새로운 일에 도전을 할 때 주저하게 된다. 더 많은 것을 성도들과 나누고 싶고 아이들에게 주고 싶지만 한계를 느낀다.

　이번 휴가 때는 가 보지 않은 새로운 장소를 몇 군데 이동하여 다녔다. '우리나라에 이런 곳이 있구나' 생각도 하고, 도시마다 다른 문화를 경험하면서 새로움을 느꼈다. 사람 없는 곳에서 많이 걷기도 하고, 자연을 하염없이 바라보기도 하고, 아내와 많은 대화를 나누기도

했다. 처가 식구들과 며칠 보내고, 본가 식구들과도 며칠 보내고, 우리 가족끼리 또 며칠을 보내면서 그동안 양가 부모님을 찾아뵙지 못한 죄송함과 아이들과 더 많은 시간 보내지 못한 마음의 짐을 덜어 내었다.

처음에는 교회를 오래 비우면 뭔가 일이 날 것 같다는 생각이 들었다. 이제 몇 년 지나니 좀 편안하다. 무슨 일이든 잘 감당해 줄 교역자들과 장로님들, 목자들을 신뢰하기 때문이다. 휴가 중에 아내가 이런 말을 했다.

"여보, 우리가 부자로 사는 것은 아니지만 그래도 양가 부모님과 가족, 그리고 주변 사람들과 좋은 관계를 맺고 살아갈 수 있는 것이 행복인 것 같아."

행복은 예상치 못한 곳에 있었다.

신앙 전수

아버지는 매일 붓글씨로 성경 구절을 쓰신다. 하루에 두 번씩 그 것을 카톡으로 보내 주신다. 손주들에게는 한 번만 보내시는데, 지난 명절 때부터 한 구절 암송할 때마다 천 원씩 주기로 약속해서 명절 때나 부모님 댁을 갈 때 할아버지 앞에서 성경을 암송하는 진풍경이 벌어진다.

아버지는 지금도 운전면허가 없다. 젊을 때나 지금이나 대중교통을 이용하신다. 집사 때부터 작은 수첩에 말씀을 복사해 오리고 붙이고 메모해 가지고 다니면서 늘 암송하셨다. 전성기에는 암송한 구절이 천 구절 정도나 되었다.

> 주일학교는 그 부모의 가르치는 것을 보충하는 것이니 부모가 그 책임을 내려놓고 선생이 다 할 수 없느니라.

한국 교회 초기 문헌에 속하는 《목사지법》에 쓰여 있는 내용이다. 백 년 전에도 신앙 전수의 책임은 일차적으로 부모에게 있다고 본 것이다.

맞벌이가 늘어나면서 조부모가 손주를 보는 경우가 많아졌다. 나는 목회하고 아내는 은행으로 출근할 무렵 장모님은 교회에 갈 때마다 딸 유진이를 데리고 다니며 지극정성으로 돌봐 주셨다. 그뿐 아니라 삶에 필요한 지혜와 선한 일을 자연스럽게 많이 알려 주셨다. 장인어른은 아이들이 아플 때 병원 가고 오는 일이나 차로 이동하는 모든 일을 도맡아 해 주셨다. 돌아보니 그 은혜를 입어 나와 아내는 일을 마음 놓고 할 수 있었다.

어떤 목사가 우스갯소리로 권사 직분은 손주를 돌보기 위한 직분이라고 했다. 지금 생각해 보면 맞는 말이기도 하다. 우리 아이들도 조카들도 양가 할머니 할아버지를 좋아하는데, 서로에 대한 사랑 때문에 신앙 훈련이 자연스럽게 이루어지는 경우를 많이 본다.

가족이 함께 보내는 시간이 많아지고, 밀착도가 높아지는 상황이 신앙 전수가 일어나는 전환의 시기가 되었으면 좋겠다. 손주를 돌보는 것은 체력적으로도 많이 지치고 힘든 여정이지만 성경을 읽어 주고 하나님의 사랑을 나누어 준다면 신앙의 전통이 아이들에게 값진 유산으로 남게 될 것이다.

지난주에는 유아세례를 베풀었고 이번 주에는 은퇴식을 진행한다. 아이들의 눈동자는 행복을 주고, 어르신들의 주름과 백발은 신앙의 흔적을 남긴다. 상황이 다 다르지만 할 수 있는 선에서 할 수 있는 만큼 신앙 전수가 일어나고, 그곳에 은혜가 넘치기를 기도한다.

이끄미와 따르미

이번 가을에는 교역자들이 다 빠지고 성도들이 직접 이끄미를 감당한다. 풍성한 삶으로의 초대, 풍성한 삶의 첫걸음, 풍성한 삶의 기초까지 과정 전부를 성도들이 진행한다. 예배당이나 교육관, 주변 카페에서 일대일로 나눔을 하는 성도를 보면 반갑고 흐뭇하다. 밤에 기도하러 가는 길에 등록한 지 얼마 안 된 분을 만났다. 예수님을 전혀 모르던 분인데, 장로님과 풍성한 삶으로의 초대 과정을 몇 주째 나누고 있다.

궁금하여 대화를 나눠 보니 접근 방식이 참 좋다는 말을 했다. 일방적인 선포가 아니라 인격적인 만남을 통해 살아온 여정을 공유하고 자연스럽게 진리를 접하는 부분이 편안한 것으로 보였다. 복음이 전해지는 것은 가장 즐겁고 영광스러운 일이다. 복음을 받아들인 이들이 조금씩 성장하여 기도하는 법을 배우고, 하나님을 아는 지식에 자라 가는 모습을 보면 감동이 몰려온다.

처음에는 나 혼자 이 길을 걸어간 것 같은데 이제는 곳곳에 동지들이 일어나고 있다. 복음을 전하여 사람들을 예수님께로 인도하고, 서로 이끄미가 되도록 돕고 격려하며, 이끄미와 따르미를 연결하고, 때로는 옆에서 또는 뒤에서 함께한다.

이끄미를 경험한 이들의 고백을 들어 보면 실로 놀랍다. 부담이 성숙으로, 성실함이 단단함으로 연결된다. 책임감은 사명으로 확장된다. 사람은 결국 누군가를 인도하고 돌보고 섬기고 대접할 때 성장한다. 목자가 되고, 교사가 되고, 이끄미가 되어 돌보고 가르치고 나누고 세우는 과정에서 새로운 것을 보게 되고 은사를 발견하며 기도가 깊어진다.

학생이었을 때 보지 못한 것을 교사의 자리에서 보게 되고, 목장원의 자리에서 보지 못한 것을 목자의 자리에서 본다. 나 또한 파트타임으로 사역할 때 보지 못한 것을 전임 사역하면서 깨닫게 되었고, 부교역자 때에 보이지 않던 것들을 지금은 보게 되었다.

실버대학 강사로 온 박수진 집사님이 강의하기 전에 목양실에 들렀다. "목사님, 별일 없으시지요?"라고 물어서 웃으며 "별일 많지요"라고 대답했다. 별일은 늘 일어난다. 신경이 쓰이고 걱정도 되고 마음이 복잡해진다. 나만 그런 줄 알았는데 다른 목사들도 그러고 사는 모습을 보면 '다 그렇구나' 안심이 된다. 거슬러 올라가 보니 바울도 그랬다.

> 모든 교회를 염려하는 염려가 날마다 내 마음을 누르고 있습니다. 누가 약해지면, 나도 약해지지 않겠습니까? 누가 넘어지면,

나도 애타지 않겠습니까? 고후 11:28~29, 새번역

늘 절절매며 가는 길이지만 따르미에서 이끄미로, 이끄미의 자리에서 그 길을 함께 가는 분들을 보면서 마음을 잡는다.

어르신 심방

오랜만에 어르신들을 찾아뵈었다. 온라인 예배에 익숙하지 않고, 자식이나 누군가가 도와줘야 예배할 수 있고, 예배 현장에 나오기 힘든 어르신들 위주로 심방을 진행했다. 그동안은 자식들 눈치 보는 분들도 있고, 건강 상태가 여의치 않은 분들도 있어서 가급적 전화로만 안부를 여쭈었다. 하지만 잠깐이라도 심방이 필요하겠다는 생각이 들어 갑작스럽게 일정을 잡았다.

시간 약속을 잡고, 준비한 한과를 들고 집집마다 방문했다. 거동이 불편한 경우를 제외하고는, 팬데믹 상황이라 문밖에서 만나 뵙고 기도해 드렸다. 짧은 시간의 만남은 오히려 더 진한 아쉬움을 남기지 않을까 싶지만 이렇게라도 하는 것이 도리가 아닌가 싶었다.

아브라함은 75세에 믿음의 모험을 시작하고, 모세는 80세에 민족 해방의 역사적 사명을 실행하고, 갈렙은 85세에도 힘이 여전하여 산지를 정복했는데, 우리의 현실에서는 요원해 보인다. 생산성과 능력과 외모에 치중하는 세상에서 어르신들은 갑자기 마주한 현실이 답답하다. 젊은이들이야 밖에 다니질 못해도 유튜브나 SNS를 통해 다

른 세상을 맛볼 수 있지만, 어르신들은 상실의 시대를 살아간다.

전쟁의 참혹함 속에서 살아남아 생존의 치열함 속에서 살았다. 일평생 근로자로 살면서 배우자와 가족들과 살가운 대화 한번 제대로 누리지 못했다. 축적된 기술과 지식은 퇴보되고, 함께했던 이들은 요양원에 가거나 삶을 마감하여 단절되고, 마음과 정신은 말을 듣지 않고, 허무함과 무력감은 점점 더 깊어지며, 조그만 일에도 서운함을 느낀다.

아직 가 보지 않았지만 언젠가 우리가 다 가야 하는 그 길. 부디 외로움과 고독 속에서도 속사람이 날로 새로워져 낙심하지 않음을 고백하며, 이제 주님의 종을 평안히 놓아주신다며 시므온처럼 기쁨으로 찬양하면 좋겠다(눅 2:29).

백발이 면류관이 되며, 막힌 길 사이로 새롭게 난 길을 찾으며, 겨울을 지나 봄 같은 기쁨을 함께 누리는 삶을 살기를 소망한다. 특별히 세대를 초월하여 함께 나누는 우정의 관계가 우리 공동체 안에 아름답게 꽃피어 나기를 기도한다.

짝 기도

2004년 제일소망교회 전도사로 처음 부임했을 때는 고등부를 맡았다. 오자마자 중등부와 연합으로 겨울 수련회를 강화도에서 진행했다. 학생들이 장난도 많고, 친밀도가 높아 보였다. 언뜻 여기저기서 저녁 기도 시간을 기다린다는 이야기도 들려왔다.

김철수 목사님이 저녁 집회 인도 후 학생들과 통성기도를 시작했는데 웬걸, 기도 시간이 3시간이나 지속되었다. 나는 피곤해서 그만하고 싶었는데 아이들이 서로 짝을 바꿔 가면서 계속 기도했다.

이 정도로 기도 많이 하는 학생들을 맡았으니 나는 앞으로 얼마나 더 기도해야 할지 잠깐 당황하고 긴장했던 기억이 난다. 물론 수련회 이후에는 기도하는 인간들을 별로 보지 못했다. '수련회 때만 기도하는구나' 생각했지만 처음 기억이라 그런지 강렬하게 남았다. 지금도 그때 기도하던 학생들의 모습이 그리움으로 남아 있다.

당시에는 중보기도팀도 많았다. 매일 여기저기서 기도하는 소리가 들려왔다. 밤에는 할머니 권사님들이 교육관에서 기도한 후 잠을 자고, 새벽예배 끝나고 나서야 집으로 들어갔다. 당시에는 새벽예배 수요예배 금요예배 차량을 운행하며 힘든 일이 생기거나 큰일을 앞두면 무조건 성도들에게 기도를 부탁했다. 첫째 아이 임신이 안 되어 할머니 권사님들에게 기도 부탁을 드렸는데, 그 응답이 유진이다. 운전하면서 복을 받았다.

최근 릴레이 기도회를 통해 성도들이 정해진 자리에서 기도하는 모습을 보면서 우리가 함께 지어져 가는 성전임을 실감하게 되었다. 교회도 사역도 신앙도 위축되어 가는 시대이지만, 기도의 자리를 채우고 섬기는 모습을 보니 감동이다.

저녁에 특별한 일이 없으면 나도 아내와 기도하러 간다. 산책 코스도 되고, 대화의 장도 된다. 문득 서로 기도 짝을 만들면 어떨까 하는 생각이 들었다. 두 명도 좋고, 세 명도 좋다. 시간을 정해 놓고 산책하듯 예배당에 와서 불을 켜고 기도하면 좋겠다. 릴레이 기도의 불이 온 가족 새벽기도의 불로 이어지고, 새벽에 켠 불이 삶 주변을 비추면 좋겠다.

고아원의 아기들은 울거나 떼를 쓰지 않아서 조용하다고 한다. 울어도 들어 주거나 응답해 줄 대상이 없기 때문이다. 코로나가 비극이 아니라 고아원 같은 교회가 비극이다. 요구하고, 요청하고, 울고, 가끔은 투정도 부리고, 떼도 쓰면서 하나님과 더 친해졌으면 좋겠다. 혼자서는 힘드니 짝과 함께.

인생 2막

이상태 장로님은 귀농을 꿈꿨다. 공무원직 은퇴와 더불어 고향에서 농사를 짓겠다는 오랜 꿈을 꾸며 춘천으로 이사할 계획을 세웠다. 마침내 그것을 실행하며 고민 중에 교회도 옮기기로 했다. 목사라면 만남과 헤어짐에 익숙해져야 하고 25년 이상 목회를 했으니 이제 익숙해질 만도 하지만, 헤어진다는 것은 여전히 힘든 일이다.

지난 주일 장로님은 손옥선 권사님과 함께 주일예배에 참석해서 예배를 드리는 성도들에게 마지막 인사의 말씀을 나누셨다. 35년 동안 함께 신앙을 나눈 모든 기억이 스치고 지나갈 때 그 감회는 한두 마디 말로 표현하기 어려웠을 것이다. 하지만 담담하게 소회를 나누어 주셨다.

장로님을 생각하면 많은 일화가 있지만, 심방을 앞두고 과제로 낸 성경 암송을 장로님 손을 꼭 붙잡고 해냈다는 권사님의 이야기가 가장 먼저 생각난다. 또 노숙인과 함께 드리는 예배 시간에는 많은 이들이 사용해 더러워진 남자 화장실을 말끔하게 청소하던 모습도 생각난다. 주일예배를 드리기 한참 전부터 앞좌석에서 《매일성경》 큐티 책에 열심히 메모하던 모습이 눈에 선하다. 초등부 아이들을 사랑하여 한 명 한 명 섬기고 헌신했던 일화는 이 지면이 부족하다.

장로님은 자신만의 분명한 철학과 소신 속에서도 순수한 열정을 보여 주었다. 당회 때 있었던 재미있는 에피소드가 생각난다. 몇 년 전 교회에 '망원렌즈'가 필요하다고 하여 장로님들과 의논한 적이 있다. 고가의 장비라서 효용성에 관한 이야기를 한참 나누었는데 장로님이 한마디도 안 해서(당회 때 말씀이 거의 없다) 다른 장로님이 물었다.

"이상태 장로님 의견은 어떻습니까?"

드디어 꺼낸 장로님의 첫마디에 나와 다른 장로님들은 박장대소가 터졌다.

"그런데 전자렌지가 뭐 그렇게 비싸요?"

렌즈에 대한 대화를 하고 있는데 그것을 '전자렌지'로 착각한 것이다. 이런 상황이 발생하면 장로님들이 이구동성으로 "지금, 상태가 안 좋아서 그래" 하면서 또 한 번 웃음보가 터진다.

춘천에서 시작하는 장로님의 인생 2막. 그동안 사람 농사 많이 지었으니 이제는 그토록 열망했던 땅을 일구는 농부로 살며, 하늘의 위로와 복을 누리기를 기도한다. 대표기도 때면 어김없이 등장했던 '새 하늘과 새 땅'을 이제 춘천과 안양에서 함께 바라본다.

 뭉쳐야 찬다

몇 주 전 이정진 집사님이 JTBC 프로그램 〈뭉쳐야 찬다〉에 출연한다는 이야기를 들었다. 오랜만에 가족과 TV를 시청하기 위해 그 시간을 기다렸다. 화면 속 집사님은 팀 주장 완장을 차고 있었다.

황정은 집사님을 통해 들은 바로는 그날 집사님이 '뭉찬'팀 핵심인 이장군 선수를 밀착 마크하다가 몸살이 났다고 한다. TV를 통해서 보니 이장군 선수는 피지컬이 무척 좋았다. 스트라이커 역할을 맡은 핵심 선수였다. 경기 전 주장들이 한마디씩 하는데, 집사님은 이장군 선수를 열심히 수비하겠다며 결연한 의지를 보였다.

경기가 시작되자 한국과 일본 국가대표 경기를 보는 것처럼 손에 땀을 쥐고 집사님이 속한 남부축구팀을 응원했다. 해설자의 말에 의하면 집사님은 안양의 자존심이며, 축구인들 사이에서 실력이 좋다는 소문이 나 있다고 한다. 더불어 뭉찬팀이 리그 출전을 앞두고 있는데 남부축구팀을 넘으면 자신감이 붙을 것이라 전망했다.

전도사 때 집사님과 축구를 한 적이 있다. 다른 교회와 붙었는데 그쪽에서 교인이 아닌 사람을 섭외한 것 아니냐고 항의할 정도로 실력이 남달랐다. 당시에도 후방 수비를 보면서 볼 배급하는 일을 맡았는데, 측면에 있던 선수들이 앞으로 달려가면 공을 찔러 주는 형태로 경기를 조율했다. 내가 공만 쫓아다니는 동안 집사님은 전체 판세를 보면서 결정적인 순간에 공을 가지고 놀며 경기 흐름을 가져왔다.

이번에도 보니 주장으로서 상대의 흐름을 차단하기도 하고, 이장군 선수가 볼을 잡으면 적극적인 몸싸움을 마다하지 않았다. 첫 번째 골도 기가 막히게 어시스트해 주었는데 이후에도 날카롭게 찔러 주는 패스가 여러 번 나왔다. 해설자도 시청자도 감탄.

누가 봐도 뭉찬팀을 위해 기획되었고 모든 관심이 그쪽으로 쏠릴 수밖에 없는 경기였다. 쌀쌀한 날씨에 서로 거친 태클이 나오기도 했고 선수들이 여러 번 넘어졌는데 누가 봐도 부상이 우려되었다. 뭉찬팀은 많이 경직되어 보였고 경기 후 다들 할 말을 잃었다.

네티즌들이 화가 단단히 났는지 선수들 SNS에 들어가 악성 댓글로 폭격하여 남부축구팀 소속 선수들과 가족이 많은 상처를 받았다고 한다. 녹화 이후 뒷이야기를 몇 가지 들은 터라, 방송에서 보이는 모습이 전부가 아니라는 것을 알게 되었다. 보고 싶은 것만 보고, 보이는 것만 볼 수밖에 없는 한계 안에서 자기 하고 싶은 말만 하는 세상이다. 생각해 보니 나도 그렇다. 주장 완장을 찬 우리 교회 집사님만 신나게 응원했다.

냉동 방석

몇 달 전 새로 등록한 가정에 심방을 다녀왔다. 등록한 성도님은 심방을 받아야 할지 말아야 할지 고민을 많이 했다고 한다. 발달 장애를 가진 아들 때문이다. 더구나 심방 전날에는 에어컨이 고장 났다. 굉장히 죄송한 마음을 목자를 통해 전해 주었다.

빌라 4층. 목장원들이 먼저 올라가고 나는 적절한 곳을 찾아 주차하고 올라갔다. 초여름이지만 숨이 헉헉거리는 무더운 날씨였다.

반갑게 인사하고 심방 테이블이 있는 공간으로 몸을 옮기려는 순간, 성도님이 냉장고에서 방석을 꺼내 왔다. 냉동실에 몇 시간 얼려 놓았다고 한다. 고장 난 에어컨 대신 방석을 얼려 놓은 것이다. 손에 닿자마자 아주 차가운 감촉이 스며들었다.

시원한 방석을 깔고 앉아 먼저 이런저런 대화를 나누었다. 장애를 가진 아들을 키우며 살아온 삶, 교회를 나오고 등록하게 된 과정을 듣게 되었다. 아들은 계속 엄마를 주시했고 시간이 지나면서 엄마를 귀찮게, 또는 힘들게 했다. 엄마는 아들을 챙기면서 예배를 드렸다. 목장원들은 연신 안타까운 마음을 표출했지만 엄마는 모든 상황에 익숙한 듯 유연하게 대처하며 여전히 밝은 얼굴로 대화를 나누었다.

살아온 삶, 앞으로 살아 내야 할 삶이 매우 고단할 듯하여 더 간절한 기도가 나왔다. 자기 아들이 아니라면 누가 이 일을 감당할 수 있을까. 아들의 응석을 다 받아 주어야 하는 엄마의 자리는 매우 고단해 보였지만 씩씩하게 지내 왔다. 그 고난을 견디는 힘은 어디에서 나올까.

지난 수요일 공개강좌 때 천년 왕국에 대한 강의를 듣는데, 심방 때의 일이 떠올랐다. 마지막 때 일어날 일, 하나님 나라의 현재성과 미래성, 천년 왕국에 대한 여러 입장을 배우며 고단한 현실 속에서 하나님 나라가 우리 삶에 주는 기쁨과 영광을 묵상했다. 장애를 가진 가족과 함께 지내며 여러 질병과 관계의 아픔, 경제적인 어려움 속에서 살아가는 이들에게 하나님 나라를 전해 주는 것은 가슴 벅찬 일이다.

냉동실에 얼린 방석의 시원함은 오래갔다. 2시간 내내 찬 기운이 남아 있었다. 방석 때문에 그날의 심방은 상당히 특별한 기억이 되었다. 아침저녁으로 시원한 바람이 불어온다. 바람은 선물이다. 시원함은 무더위의 상처를 씻어 준다. 이제 냉동실에 방석을 넣어 두지 않아도 된다.

주일 아침 노숙인 식사 대접

전인격으로 만나야 하는데,
조직이나 공동체의 이해관계 안에서 상대해야 할 때가 있다.
전부를 내어 줄 수 있다면 행복할 것이다.
사람이 사람을 다녀갈 수 있다면,
교회도 한 뼘 훤칠하게 클 수 있을 것만 같다.

이웃에 개방한 1층 도서관, 작은 음악회

오랜 역사가 담긴 예배당에서
아이들이 북적거리던 예전 일들을 회상하면서
새로 건축한 예배당 1층에 도서관을 마련하고
이웃과 함께 공유하기로 했다.

작은 발걸음 큰 기쁨

PART 3 일상

과거는 미래의 서막입니다

이 사람들은 다 믿음을 따라 죽었으며 약속을 받지
못하였으되 그것들을 멀리서 보고 환영하며 또 땅에서는
외국인과 나그네임을 증언하였으니 … 그들이 이제는 더
나은 본향을 사모하니 곧 하늘에 있는 것이라
히브리서 11장 13-16절

광야를 찾다

요즘 마가복음을 연속 설교하면서 묵상하다 보니, 예수님과 제자들 사이에 미묘한 온도 차이가 있음을 발견하게 된다. 예수님이 한적한 광야에서 기도하실 때 제자들이 찾아와 많은 사람들의 필요를 보고한다. "모두 선생님을 찾고 있습니다"(막 1:37, 새번역) 예수님은 조용히 광야에 머물며 새로운 미래를 보시는데, 제자들은 사람들의 지지율을 따지며 다급하게 예수님을 찾은 것이다.

선거에 나선 후보와 캠프 관계자에게 국민 지지율은 생명줄과 다름없다. 지지율에 따라 전략이 끊임없이 수정된다. 지지율이 올라갈 법한 정책을 내고 읍소한다. 제자들도 지지율에 민감했던 것일까. 어쩌면 목사들도 지지율을 신경 쓰는 것은 아닐까. 사람들의 필요를 알고, 거기에 부합하는 프로그램을 제도화시키는 탁월한 경영자 같은 목사도 많다. 그런 리더십 아래서는 일사불란하게 움직이고 뭔가 일이 벌어지며 예측했던 성과들이 나온다.

하지만 예수님이 그러셨는가? 예수님은 귀신을 쫓아냈지만 다 쫓아내신 것이 아니었다. 병자를 고쳤지만 다 고치신 것이 아니었다. 모든 사람의 모든 필요를 다 채우신 것이 아니었다. 만약 그게 목적이었다면 아예 센터를 두고 귀신을 쫓아내는 병동, 병을 치유하는 병원을 만들지 않으셨을까.

예수님은 가끔 무정해 보인다. 군중과 다른 방향으로 움직이신다. 대중의 인기와 관심을 한 몸에 받았지만 거기에 취하지 않으신다. 환호를 받았지만 십자가의 길을 가신다. 지지율에 매이지 않으신다. 오히려 다른 행보를 보이신다. 예수님의 선거 캠프는 난감했을 것이다. 지지율이 올라가고 왕이 되셔야 자신들도 한자리 해 먹을 수 있는데 그러지 않으셨기 때문이다.

예수님이 계셨던 한적한 곳은 어디일까. 사람들의 필요와 관심도 알아야 하겠지만 거기에 매이지 않고, 예수님과 제자들 사이의 미묘한 온도 차이를 발견하고 극복할 수 있는 지점은 어디일까.

최근 번역된 필립 야콥 슈페너의 《경건한 열망》을 구입해서 조금씩 읽고 있다. 그가 경험했던 교회로부터 무려 3백 년 이상 지났지만 교회의 실상은 비슷하다. 사사 시대의 혼란스러움은 여전하다. 그럴수록 성경을 소리 내서 천천히 읽는다. 기도 시간에 더 마음을 쏟는다. 목양은 끝이 없고, 건축 프로세스는 진행해야 하고, 청탁(淸濁)이 정신을 사납게 하는 때, 나는 예수님이 머무셨던 광야를 찾는다.

겨울 산

인디언들은 말을 타고 달리다가도 가끔씩 멈춰 선다고 한다. 너무 빨리 달리면 영혼이 따라오지 못할까 염려하기 때문이란다. 말이 안 되는 이야기 속에 말이 되는 교훈이 숨어 있다. 숨 가쁘게 달려온 연말을 뒤로하고, 새해 첫 주일을 지나 새로운 마음으로 출근했다. 원래 연말은 바쁘고 정신없지만 이번에는 특히 성탄절과 주일, 송구영신 예배와 주일이 연이어 있어서 그랬는지 더 숨이 찼다.

요즘은 호계체육관 쪽으로 조금 돌아서 출근한다. 경수대로 큰 길 따라서 가면 직진 코스지만, 쌩쌩 달리는 자동차는 사납고 레미콘 차량은 육중해서 무섭다. 조금은 한적한 곳이 좋다. 호계도서관 골목길을 지나 작은 오거리가 나오면, 우리 교회 종교 부지가 보이는데 이내 체육관 쪽으로 걸음을 옮긴다. 조금 올라가 새로 만든 나무 데크를 따라 5분 정도 걷다가 오른쪽으로 돌면 테니스장이 나온다. 천천히 걸으며 산 특유의 공기를 맛본다.

봄꽃의 향연과 무성하고 울창한 숲의 향기, 그리고 고운 단풍이 없다는 이유로 겨울 산에 특별한 매력을 느껴 본 적이 없다. 그런데 요즘 겨울 산 특유의 시원함이 들어온다. 주변을 돌아보니 나무는 옷을 다 벗었고 낙엽은 푹신한 이불을 깔아 놓았다. 자신의 것을 다 내어 준 다음, 사람들에게 밟히고 밟혀 보이지 않는 자리에서 추운 겨울 또 다른 생명의 싹을 준비한다. 전에는 그런 것이 잘 보이지 않았는데 이제는 고마움으로 다가온다.

지난 연말 건강검진을 통해 근육량을 늘려야 한다고 통보받았다. 심장비대가 보여 심장 계통 관련 진료 및 상담을 받으라는 한 줄 통보에 아내는 걱정이 이만저만이 아니었다. 의사와의 상담이 이어졌는데 CT 촬영 결과를 자세히 판독하더니, 과잉 소견이 있는 것 같으니 걱정하지 않아도 된다고 했다. 아무 이상이 없다니. 병원 문을 나서는데 문득 이런 생각이 든다.

'어쩌면 심장비대증이었을 수도 있다. 누군가의 기도가 냉큼 이루어진 건 아닐까?'

나만 아는 비밀스러운 이 기쁨. 말씀을 묵상하다 보면, 기쁨으로 심장이 뛰어서 그럴 수도 있는데 의사가 어찌 알까. 그렇더라도 이제 중년에 접어들었으니 건강을 좀 더 관리하기로 다짐한다. 근력운동이 필요한데 등산을 선택했다. 겨울에도 여전히 그 자리에 있는 산이 좋다. 자신의 것을 다 내어 주고도 여전히 나를 받아 준다. 앙상한 가지 사이로 한없이 넓은 그 품이 아름답다.

신앙의 뿌리

아버지 서재에서 책 한 권을 뽑아 들었다. 불광동 동산감리교회를 개척한 한은우 목사님의 회고록이다. 내 이름을 지어 준 분, 청년부 소속이던 아버지와 어머니를 어느 날 불러 결혼하라고 '명령'하고 기도해 주어 결국 결혼에 이르게 한 목사님이다.

모태부터 어린 시절 내내 동산교회를 다녔지만, 목사님의 설교를 자세히 들어 본 적은 없다. 얼핏 마룻바닥 유치부 예배실이 기억나기도 하고, 부흥회 기간 중 교회 마당의 놀이기구에서 아이들과 놀았던 기억은 난다. 하지만 목사님에 대해서는 할아버지와 아버지가 식탁에서 나누는 대화를 통해 간접적으로 알았을 뿐이다. 아버지는 교회를 개척한 이후 가끔 목사님 댁에 나를 데리고 가셨는데 그럴 때면 인자한 얼굴로 기도해 주셨다.

회고록을 보니 한 목사님은 국내에 스무 교회, 해외에 여섯 교회를 개척하셨다. 동산교회에서 14년 목회한 후, 2년 안식년을 받아 미국 나성동산교회를 개척하고 얼마 지나지 않아 아들 목사님에게 목회를 맡기고 다시 동산교회로 돌아오셨다. 은퇴한 후에는 서울을 떠나 줄 곧 LA에 머물렀고 가끔 한국에 오면 제자들을 만나 함께 식사하셨다.

몇 년 전 돌아가셔서 직접 가르침을 받을 기회는 없었는데, 회고록을 통해 그분의 회심부터 교회 개척과 사역, 목회 전반에 관한 이야기를 접할 수 있었다.

한 목사님은 고향 강화에서 불같이 기도하던 전도사님을 통해 불세례를 받고 회심해서, 동네마다 교회를 개척하셨다. 그러다 독바위골 달동네로 들어와 사역하면서 우리 조부모님과, 부모님에게 신앙을 전해 주셨다. 회고록을 보니 46세에 서울 불광동에서 동산교회를 개척한 것으로 나온다. 지금 내 나이와 같다.

목사님은 기도에 목숨 건 분이었다. 예배당 마룻바닥에서도, 교회 뒤 북한산에 올라서도, 위기의 순간에도, 늘 기도 무릎으로 사셨다. 가난한 자들을 불쌍히 여기던 대목도 인상 깊었다. 교회당에 30평 정도 되는 무료 진료소를 열어 어려운 이들에게 의료 혜택을 베풀었다. 아버지 말씀으로는 돈이 필요하면 아침부터 사업장 심방을 돌면서 축복 기도를 해 준 후 돈 좀 달라고 했다고 한다. 그렇게 심방을 돌고 밤에 돌아오면 많은 돈이 모였는데, 가난하고 불쌍한 이들의 구제비로 전달하셨다고 한다.

특히 교회 개척과 선교를 향한 뜨거운 열정이 인상적이었다. 평생 성경을 사랑했고, 틈틈이 공부하여 여러 잡지에 글도 기고하고, 책도 남겼다. 일평생 최선을 다해 목회한 모습이 존경스럽다. 생전에 찾아뵙고 생생한 목회 여정을 들었다면 참 좋았겠다는 마음이 들었다.

듬성듬성 알고 있던 동산교회와 한은우 목사님에 대한 이야기가 회고록을 통해 조금씩 꿰어 맞춰졌다. 사람에 대한 평가가 모두 같을 수 없겠지만 나에게는 전설적인 인물, 인자한 할아버지 목사님 얼굴이 가끔 떠오른다. 내 신앙의 뿌리를 살피고 확인한 시간, 아버지 서재에서 발견한 또 하나의 즐거움이었다.

거절할 용기

나는 천성적으로 거절을 못한다. 그러다 보니 하고 싶지 않은 일에 참여하거나 시간과 에너지를 추가적으로 들이는 경우가 많다. 도저히 할 수 없는 일이거나 그럴 가능성이 없어 보여도 시간을 좀 끌다 나중에 거절한다.

다른 사람들과의 관계를 깨뜨리지 않으려는 마음 때문인지, 모든 사람에게 잘 보이려는 마음 때문인지, 아니면 상대방을 너무 배려하기 때문인지는 잘 모르지만 상황을 주도하기보다 상황에 끌려다닐 때가 많다. 힘들어도 처음부터 거절했다면 그 이후가 좀 편할 텐데, 거절을 못하니 오랜 시간 짐을 나눠서 지는 경우가 발생한다.

돌아보면 목회의 과정에서도 그랬다. 그러면서 상대방을 너무 배려하는 것이 때로 좋지 않은 결과를 가져오기도 한다는 사실을 배운다. 배려도 필요하고 상황도 고려해야 하지만, 때로는 과감하게 의견을 주어야 한다는 사실을 깨달았다. 모두에게 인정받으려 하는 삶은 처음부터 불가능하고 이기적이다.

정치인들은 여론에 민감하게 반응하지만 리더는 그 이상을 바라보고 변혁을 꿈꾼다. 현상 너머의 가치를 미리 보는 것이다. 음악도 그렇고, 미술도 그렇고, 당대에는 주목을 받지 못하다 오랜 세월이 지나 그 가치를 인정받는 경우를 본다. 시대를 너무 앞서 살아도 어려움이 많다.

사실 상황이나 환경은 내가 걱정하는 것보다 심각하지 않거나, 내가 생각하는 것보다 꽤 심각하다. 결단을 내리지 않고 묵혀 두면 숙성이 되어 좋은 결과로 드러나는 경우도 있겠지만 함께 일하는 동료들은 그만큼 힘이 든다.

욕을 먹어도 올바른 것을 말하고 실천하는 용기, 미움을 받아도 가야 할 길을 가는 용기, 내 범위와 역량을 넘어서는 일에 대하여는 거절할 수 있는 용기가 필요하다. 무엇인가에 대한 선택은 다른 무엇인가에 대한 포기를 말하며, 어차피 우리는 모두를 다 가질 수 없다. 직구를 던지면 변화구는 포기해야 하고, 변화구를 택하면 직구는 포기해야 한다. 홈런 타자가 되고 싶다면 삼진당할 용기가 있어야 한다. 컨택 위주로 간다면 큰 스윙을 버려야 한다.

수없이 놓여 있는 인생의 갈림길. 그 앞에서 할 수 있는 일, 또 해야만 하는 일과 할 수 없는 일을 구분하고, 결정을 내려야 할 일과 오래 기다려야 할 일을 지혜롭게 분별할 수 있는 성숙함을 구한다. 무엇보다 먼저, 거절하는 연습부터.

나의 산성 목사님

며칠 전 향산교회 원로 신응균 목사님이 돌아가셨다는 소식을 들었다. 잠시 넋이 나간 상태로 소파에 앉아 있었다. 신은성 목사님에게 전화했더니 그간의 상황을 상세하게 설명해 주었다. 목사님은 97세로 장수했고, 특별한 지병이 없었으며, 3주 전까지도 예배당에 나와 성도들과 함께 예배를 드리셨다고 한다.

명절 때마다 찾아뵙고 인사를 드리면 제일소망교회 상황과 재개발, 그리고 건축 이야기를 궁금해하셨다. 교회 상황에 대하여 이런저런 말씀을 드리면 반드시 교회는 승리할 것이라는 확신을 주셨다. 대화의 마지막에는 기도를 해 주셨는데, 목소리에 늘 힘이 있었다.

'이번이 마지막 뵙는 건 아닐까?' 백 세를 앞두셨기에 찾아뵙고 나오는 길에 늘 마음 한편이 그랬다. 올해 구정에는 컨디션이 좋지 않아 못 뵈었더니 지난 추석 때 뵌 것이 결국 마지막이 되었다. 무척 아쉽고 안타깝다.

향산교회 교육 전도사 시절 새벽예배 드리던 장소는 지하의 조그만 예배당, 의자 없는 맨바닥이었다. 내가 설교할 때에도 목사님은 무릎을 꿇고 맨 앞에 앉아 말씀을 들으셨다. 아무리 나이가 어린 전도사라 하더라도 하나님의 말씀을 듣는 자세를 가져야 한다고 가르쳐 주셨다.

향산교회 들어간 지 얼마 되지 않아 알게 되었는데, 모 교회인 동산교회 한은우 목사님과 신응균 목사님은 고향에서 절친이셨다. 그런 인연 때문인지 목사님은 나를 특별히 아껴 주셨다. 남가좌동 골목길을 둘러싼 교회 마당과 달빛 오래된 본당의 향수와 받은 사랑의 풍족함은 목회를 하면서 지칠 때마다 격려해 주는 산성이 되었다.

입관 예배 때 모래내 지역 목사님들이 신 목사님과의 일화를 꺼내

놓았다. 그 지방 젊은 목사들 중 존경하지 않는 이가 없고, 노회에서 힘들게 목회하는 분들 중 목사님의 도움을 받지 않은 이가 없다고 했다. 소박하게 살며 힘들게 목회하는 이들을 위해 아낌없이 자신의 것을 나누었고 성도를 대할 때에도 부자든 가난한 자든 똑같이 대했다고 한다.

목사님을 찾아뵈면 늘 양복을 입은 상태로 기다리고 계셨다. 대화를 마치고 집으로 가려 하면 아파트 9층에서 1층 현관까지 내려와 잘 가라고 하면서, 차가 주차장을 빠져나갈 때까지 지팡이를 짚고 계속 바라보셨다. 먼저 들어가시라 말씀드려도 내 차가 보이지 않을 때까지 항상 그 자리에 서 계셨다. 차창 뒤로 보였던 목사님의 인자한 모습이 벌써 그리워진다.

강렬한 기억

20년도 더 된 일이다. 2004년 겁 없던 전도사 시절 여름휴가를 터키로 다녀왔다. 혼자 배낭을 짊어지고 9박 10일 일정으로 여행을 떠났는데, 손에 쥔 돈은 50만 원이 전부였다. 신학대학원 다닐 때 친구였던 김윤아 자매가 터키에 있는 선교사님과 결혼을 했고 "언제 한번 놀러 와" 했던 말이 씨가 되어 나선 여행이었다.

친구가 있는 안타키아에 2박 3일 정도 머무르는 계획을 제외하고는 정해진 일정이 없었다. 당시 터키 물가는 한국과 비슷하거나 보다 저렴했으며, 원한다면 만 원짜리 공동 숙소도 구할 수 있다. 과한 음식을 먹지 않는다면 길거리에서도 끼니를 해결할 수 있다. 땅이 워낙 넓어 도시와 도시 사이의 이동 거리는 적어도 4~5시간, 보통은 10~16시간을 잡아야 했다. 고속버스가 발달해 있었고 이동은 주로 밤에 한다.

이스탄불에서 기독교와 이슬람, 로마제국의 문화 유적을 돌아보았다. 가끔은 목적지 없이 길을 걸었고, 이슬람 사원에 들러 간절히 기도하는 모습을 살펴보기도 했다. 갑바도기아에서는 작은 오토바이를 빌려 동네 구석구석을 돌아다녔고, 에베소에서는 바울을 기억하며 원형극장과 기독교 성지를 둘러보았다.

일정 중간 즈음, 주말을 이용하여 안타키아에 들러 친구와 남편 함혁상 목사님을 만나 교제했다. 인구 30만의 도시, 사도행전 13장에 나오는 안디옥교회가 있었던 지역이라 더 친근한 도시였다. 한인은 거의 없었다. 축구선수 이을용이 터키 리그에 있을 때 안타키아에 머물러서 잠깐 교제했다는 이야기를 들으며 시장과 거리를 걸었다.

광림교회에서 시리아 대사관으로 사용했던 건물을 구입하여 사용하고 있었는데 3층이 살림집, 1층이 예배당(안타키아 개신교회)이다. 주일에는 서른 명 정도 되는 현지인 회중과 함께 예배를 드렸다. 마침 세례식이 있어서 지중해 바다로 나가 침례를 받는 모습도 보았다.

터키에 큰 지진이 났다는 뉴스를 보았다. 혹시 몰라 지금은 한국에서 사역하는 함 목사님에게 전화를 걸었다. 오랜만이었지만 수화기 너머로 들리는 목소리를 들으며, 터키에서의 기억이 새록새록 올라왔다. 소식을 들어 보니 안타키아 교회당도 지진으로 무너졌다고 한다. 성도 중에 사망자는 없지만 집이 다 무너져 어려움 속에 있다면서 기도를 부탁했다. 젊은 날 소중했던 추억은 지진으로 인해 강렬한 기억이 되었다.

달동네의 겨울

이번 겨울은 말 그대로 겨울답다. 눈도 많이 오고, 날씨도 무척 춥다. 금요일 새벽예배를 시작하기 전에 보니 영하 16도. 나는 집에서 나와 지하 주차장에서 차를 타고 출발해 다시 예배당 지하에 주차해서 엘리베이터를 타고 본당으로 직행하는데, 이 살벌한 추위를 뚫고 걸어오는 성도들을 생각하니 고개가 절로 숙여진다.

설교 후 의자에 앉으면 임채희 집사님이 뜨거운 커피를 건네준다. 뜨거운 컵의 온기가 손을 통해 온몸으로 전달된다. 이른 시간에 마시는 커피 한잔은 속을 따뜻하게 하고, 정신을 맑게 한다.

어려서부터 추위에는 좀 익숙한 편이다. 중학교 2학년 때 새로운 사택으로 이사했는데, 녹번동 국립보건원 뒤편 달동네였다. 가파르게 경사진 골목길을 몇 차례 올라 꺾어지면 다시 좁은 골목이 나오는데 그 끝의 녹색 대문이 우리 집이었다. 강아지도 뛰어놀 수 있는 넓은 마당과 몇 그루 나무가 있는 단독주택이었다.

건물 연식이 오래되다 보니 집 안이 항상 추웠다. 실내 온도는 늘 18도 정도였고, 잠을 잘 때는 전기장판을 사용했다. 내 방은 원래 창고로 쓰던 장소를 개조했기 때문에 조금 더 추웠다. 등은 따뜻해도 입에서는 입김이 나오는 방에서 꽤 오랜 시간을 지냈다.

가스보일러 설치할 형편이 되지 않아 기존에 있는 기름보일러를 활용했는데, 워낙 오래된 집이라 아무리 돌려도 훈훈해지지 않았다. 그마저도 기름을 채우는 일이 쉽지 않았다. 목돈이 좀 있었다면 드럼통으로 배달을 시켰을 텐데 형편이 안 되어 그럴 수 없었다. 일주일에 몇 번씩 작은 수레에 등유를 두 통 정도 싣고 줄로 고정하여 터덜터덜 날랐다. 주유소에서 집까지 거리상으로는 1km 정도 되었는데 그중 삼분의 일은 오르막 코스다.

통일로를 사이에 두고 길 건너편에 사시는 장모님과 아내는 기름을 나르는 20대 초반의 청년을 멀리에서 보며 안쓰러워했다고 한다. 그 기름 나르던 청년이 사위가 되고 남편이 될 것이라는 생각은 전혀 하지 못했을 것 같다.

그런 환경에서 자라서인지 오히려 실내 온도가 너무 높거나 더우면 견디지를 못한다. 잠을 잘 때도 덥고 답답한 것보다 약간은 시원한 것이 좋다. 목양실도 온도를 낮춰 놓는 편이다.

어느덧 연말이 되었다. 올해는 성탄주일이 마지막 주일이다. 서로의 마음과 마음이 오가는 계절, 강추위 속에서도 우리의 말과 생각의 온도가 일정하게 유지되었으면 좋겠다. 추운 겨울이 가면 봄은 올 것이다.

몇 초 기다리면 될 것을

작년까지는 운전하면서 우회전할 때 횡단보도에 파란불이 켜져도 사람이 없으면 슬금슬금 지나왔다. 어느 날 뒤에 탄 유진이가 파란불인데 왜 가냐고 물었다. 몰라서 질문하는 것이 아니라 그렇게 하면 안 된다는 의미를 담아 항의한 것이다.

"음, 우회전할 때 사람이 없으면 가도 되는 거야. 그리고 안 가고 미적거리면 뒤에서 빵빵거리고, 차도 막히니까 교통 흐름상 가 주는 것이 옳아."

궁색한 변명이었다. 사실 우회전할 때 사람이 없으면 정말 가도 되는 것인지 잘 몰랐다. 몇 사람의 운전자에게 물어봤지만 저마다 의견이 달랐다. 그대로 따르려고 물어본 것이 아니니 그냥 참고만 했고, 상황에 따라 급하면 파란불이어도 그냥 지나갔다.

그런데 파란불에 지나가려고 하면 딸아이가 했던 말이 계속 떠올랐다. 마음에 찔림이 왔다. 딸이 뒤에 타고 있으면 신경 써서 잘 지키려고 노력했다. 자식이 가장 무섭다.

하루는 뉴스를 보는데 새해부터는 신호를 잘 지켜야 하며 어기면 '도로교통법' 어쩌구 하는 내용이 나와서 이제는 잘 지키고 있다. 작년까지만 해도 우회전하기 전에 정차하면 뒤에서 빵빵거리는 운전자들이 많았는데, 요즘에는 끝까지 참아 준다.

몇 초 더 기다리면 될 것을, 뭐가 그리 급하다고 신호를 어기면서 운전했을까. 조금 빨리 간다고 해가 늦게 지는 것도 아니고 해가 빨리 뜨는 것도 아닐 텐데. 마음이 나도 모르게 조급해질 때가 있다. 급할수록 시야는 좁아지고, 사람들은 잘 보이지 않고, 상상력은 축소된다. 안전이나 사람보다 돈, 생명보다 경제를 우선하는 시대는 우회전 횡단보도를 마음대로 지나치는 사람들의 조급함 같은 것들이 만들어 낸 결과물일 수도 있다.

노래에서 가장 중요한 것은 악보에 없다고 한다. 그것은 가수의 마음에 저장되어 있다가 노래를 부를 때 재생되는 것이라고 한다. 악보대로만 한다고, 표시된 대로 정확히 한다고 작품이 되지 않는다. 양희은 노래를 젊은 가수가 부르면 그만한 맛이 나오지 않는다.

아침 경건회 시간에 교역자들과 시편을 소리 내서 읽고 있는데 천천히 읽는 것이 어렵다. 빨리 끝내야 한다는 목적 지향 때문인지 나도 모르게 속도가 올라간다. 그런데 속도를 줄이니 말씀이 꿈틀거린다. 조금은 느슨하게 가야 주변이 보인다. 사람도, 사물도 조금은 천천히 가면서 살피며 살았으면 좋겠다.

🕰 한 걸음씩 꾸준하게

초등학교 졸업 기념으로 아빠와 둘이 떠나는 여행을 유진이에게 제안했다. 최근 마음이 조금 심란했는데 문득 울산바위 생각이 났다. 정상의 아름다움과 수직 암반의 웅장한 자태가 떠오른다. 그곳을 함께 오르면 자연스럽게 딸과의 추억도 담길 것 같았다.

유진이는 운동을 좋아하는 편이 아니라서 일단 흔들바위까지를 목표로 잡고, 상황을 보면서 여차하면 중간에라도 내려오리라 생각했다. 컨디션이 꽝이면 케이블카로 권금성만 찍고 오는 것도 염두에 두었다. 정말 울산바위까지 가리라고는 기대하지 않았기에 무거운 배낭도, 필수 물품도 없는 상황에서 가벼운 마음으로 걷기 시작했다.

흔들바위까지는 길이 좀 평평하고 편하게 걸을 수 있어서 많은 대화를 나누었다.

흔들바위에 올라 약숫물을 들이켜고 어떻게 할 건지 물으니 더 가겠다고 한다. 그냥 내려가자고 할 줄 알았는데 의외의 반응에 바로 울산바위로 향했다. 경사와 계단이 많아 힘든 코스가 이어졌다. 10분 정도 가더니 금방 후회한다. "내 입이 방정이지. 이놈의 주둥아리" 하면서 왜 울산바위까지 가자고 했는지 자책하며 따라온다.

물은 하나밖에 없고 먹거리는 아예 없었다. 게다가 딸은 등산화가 아니라 운동화를 신고 있어 신경이 쓰였지만 천천히 올라갔다. 산행을 하다 보면 오르막과 내리막이 반복되면서 가쁜 숨을 좀 몰아쉴 수 있는데, 이건 뭐 계속 수직 상승이다. 흔들바위에서 1km 거리라서 금방 갈 것 같더니 1시간 이상 걸렸다. 가다가 힘들어 몇 번이나 쉬었다.

중간 즈음에는 어떤 아주머니가 내려오면서 지쳐 있는 딸을 보고 "벌써 지치면 어떻게 해. 이제부터는 장난 아니야"라고 격려했지만 대답할 힘도 없는지 터벅터벅 따라왔다. 어느 정도 산을 오르자 눈이 녹지 않은 설악산의 자태가 아름답게 드러났다. 바람이 상당했지만 등에서는 땀이 났다.

드디어 정상에 올랐다. 하이 파이브로 기쁨을 나누었다. 딸과 함께 무언가를 해냈다는 충족감 때문인지 묘한 감동이 밀려왔다. 저 멀리 속초 시내와 동해 바다, 그리고 설악산 능선의 아름다움이 훤히 드러난 곳에서 바람과 추억을 사진에 담았다.

중학교 입학을 앞두고 두려움과 설렘이 공존하는 시기에, 힘든 것을 참으면 누릴 수 있는 것이 많다는 사실을 딸과 함께 경험했다. 힘들지만 가야 하는 길, 목적지는 거기 가만히 있기에 포기하지만 않는다면 한 걸음씩 갈 수 있는 길이 우리 앞에 놓여 있다.

고향 한 바퀴

　우연히 유튜브에 올라온 〈김영철의 동네 한 바퀴〉를 보았다. 서울 은평구 불광동 편이 나와 관심을 가졌는데, 태어나서 29년을 불광동과 녹번동에서만 살았기 때문에 언제 봐도 정겨웠다.
　제법 높이 솟은 아파트 단지가 곳곳에 있었지만 하늘 아래 뫼인 것처럼, 북한산 아래 아파트였다. 더 높은 곳에서 보니 북한산의 풍광은 그 어떤 건물로도 가릴 수 없다. 진행자의 정감 있는 목소리, 마을 주민과의 편안한 대화, 정제된 단어와 골목길 감성이 한데 어우러져 30분 정도의 프로그램은 하나의 작품이 되었다.
　빠르게 변해 가는 서울 여느 지역과 달리 불광동은 북한산과 더불어 아직은 옛 정취가 남아 있었다. 수없이 걸어 다녔던 길과 그 주변 풍경들이 영상에 담기는 순간 특별한 공감이 피어오르며 낭만을 자아냈다.
　단풍 깃든 북한산 둘레길을 잠시 걷는 모습을 시작으로 불광동 성당을 자세히 소개하는 장면이 나왔다. 잠실주경기장을 만들었던 건축가 김수근의 작품인 불광동 성당은 우리나라 100대 건축물에 들어간다고 한다. 두 손을 모은 듯한 형상이 하늘을 향하고 있으며 에

술적 감각과 경건함을 여전히 뿜어낸다.

　장면이 바뀌자 허름한 중국집 간판이 보인다. 42년 이상 정성과 원칙을 지켜 온 노부부가 쑥스러운 듯 카메라를 마주한다. 직접 손질한 밀가루 반죽에 골동품 같은 제면기를 돌려 면발을 뽑아내는데, 미리 만들지 않고 시간이 걸려도 그때그때 뽑는다고 한다. 간짜장 소스도 주문과 동시에 오래된 가마솥에서 만들어 낸다. 나오는 짜장면이 먹음직스럽다. 음식에 쏟는 정성 때문에 너무 많은 손님을 원하지 않는다는 주인장 어르신의 한마디가 감동이다.

　불광동을 지나 녹번동 초입에서 예전에 이 동네 이름이 양천리였다는 사실을 알려 준다. 나도 수천 번 이상 거닐던 동네였는데 북으로는 의주까지, 남으로는 부산 동래까지 양쪽이 다 천 리 길이라고 해서 '양천리'가 되었다고 한다. 삼천리 반도 금수강산의 가장 중앙에서 태어나고 살았구나 하는 자부심이 올라왔다.

　그다음 인상 깊었던 곳은 '산골마을'인데, 산골이라는 광물이 나오던 곳이라고 한다. 아직도 연탄을 사용하는 집, 옛 정취를 그대로 간직한 채 사는 주민들이 있었다. 고향은 언제나 포근하다. 정신없이 한 달을 보냈는데, 고향 덕에 오랜만에 마음의 여유를 찾게 되었다. 예루살렘을 향해 창문을 열었던 다니엘의 마음도 어쩌면 그랬을까.

⏰ 작품을 만나다

　모처럼 연극을 보았다. 처형이 표를 주어 무슨 연극인지도 모르고 시간에 맞춰 움직였다. 오랜만에 앉아 보는 객석. 무대 중앙을 중심으로 왼쪽에는 드럼과 건반이 놓여 있고, 오른쪽에는 극작가의 고뇌가 엿보이는 책상과 버려진 원고 뭉치가 있었다.

연주자가 드럼을 천천히 두드리면서 연극이 시작되었다. 프랑스의 천재 극작가라 불리는 몰리에르 역을 담당한 배우가 자신을 먼저 소개하고, 이어 작품과 등장인물을 소개한 다음, 다 같이 부르는 노래와 함께 이야기가 진행되었다. 개인적으로는 몰리에르 역을 맡은 배우가 무척 눈에 띄었다.

한 전문가는 좋은 연극을 소개해 달라는 요청에 주저 없이 이 작품 〈스카팽〉을 추천했다고 한다. '너무 무겁지 않고, 이야기의 구성이 알차고, 마음껏 웃을 수 있고, 연극의 매력에 푹 빠질 수 있다'는 이유로 말이다.

정말 그랬다. 마치 〈개그 콘서트〉를 보는 것처럼, 배우 각자가 분명한 캐릭터를 가지고 유행어가 될 만한 문장을 쏟아 놓았다. 서로 호흡이 얼마나 잘 들어맞는지, 현장에서 느끼는 생동감이 엄청났다. 배우의 움직임에 맞춘 생음악과 툭툭 끊어지는 효과음이 어우러져 관객도 리듬을 타도록 만들었고, 현실의 부조리와 모순을 빗댄 통렬한 풍자가 보는 이의 마음을 시원하게 했다. 분명 심각한 문제이며 예민한 주제였는데 무대 위에 올려진 풍자는 마음의 걱정과 짐을 잠시 내려놓게 했다.

가장 인상 깊었던 점은 쉴 새 없이 진행되는 공연 중에 양쪽 의자에서 대기하는 배우도 연극에 함께 몰입하는 부분이었다. 흐름에 맞게 연주를 감당하며, 때로는 노래를 부르거나 추임새를 넣어 주었다.

모든 배우가 함께 몰입하여 만드는 한 편의 연극은 최상의 작품이 되었다.

나에게 주어진 배역은 나 혼자만의 것이 아니다. 이야기는 혼자 만들 수 없고, 다른 관계 속에서 상호작용을 통해 이어진다. 모순, 갈등, 슬픔, 분노, 사랑, 감동, 재미, 해학, 풍자 가득한 우리네 이야기는 전문 배우를 통해 무대에 올려진다. 연극을 보는 이들은 자신의 삶을 객관적으로 바라보며, 잠시 일상을 잊는다.

오늘은 이것저것 다 떠나서 아무 생각 없이 그냥 실컷 웃어서 좋았다. 배우들이 함께 부른 노래가 머릿속에 계속 되울린다. 오랜만에 맞아 보는 명동 찬바람은 덤. 삶은 선물이다.

나의 아저씨

은행 울렁증이 조금 있다. 가장 가기 싫은 곳 둘을 꼽으라면 치과와 은행이다. 치과는 냄새 자체가 싫고, 은행은 머리가 아프다. 교회 대표로 무엇을 처리하거나 도장을 찍거나 중요한 서류를 동반해야 할 일이 생기면 아내에게 부탁해서 함께 가자고 한다.

오랜 시간 C은행 계좌를 사용했는데, 미국 본사에서 철수를 결정하면서 한국 영업점들도 문을 닫는 상황이 되었다. 아내와 날 잡아 광화문 본사에 가서 모든 계좌를 다 정리했다. 최근 새롭게 급여 통장을 만들기 위해 교회 근처 은행을 방문했는데, 왜 통장을 만드는지 묻더니 재직 증명서와 최근 3개월간 월급 들어온 서류가 있어야 한다고 했다. 신분증만 가지고 간 나는 다시 되돌아올 수밖에 없었다.

내 옆 창구에서는 내가 오기 전부터 신경전이 계속되고 있었다. 대학생 딸을 데리고 온 아버지의 신경이 조금씩 곤두서더니, 급기야 설명하는 직원에게 법 규정의 부당함을 말하면서 모든 내용을 문서로 가져오라며 '명령'을 내렸다. 보다 못한 책임자가 와서 설득했지만 이미 감정은 상할 대로 상했다. 대포 통장이나 불법이 많다 보니 관련 법규가 늘어나고 절차는 복잡해지고 통장 개설도 까다로워졌다고 한다.

작가 박해영이 드라마 〈나의 아저씨〉를 기획하던 당시에는 〈별에서 온 그대〉, 〈도깨비〉와 같은 의사, 변호사, 형사 등 캐릭터가 확실한 강한 주인공을 내세우는 작품이 인기를 끌었다고 한다. 작가는 이런 흐름에 반대하며 인간의 결을 보고 싶어 영웅이 아닌 사람의 면모를 내세우는 〈나의 아저씨〉를 쓰게 되었다. 이 드라마를 정주행하며 인상 깊던 대사들이다.

나도 무릎 꿇은 적 있어. 뺨도 맞고, 욕도 먹고. 그중에 다행이다 싶은 건 우리 가족은 아무도 모른다는 거. 우리 식구만 모르면 아무 일도 아니야.

네가 아무것도 아니라고 생각하면 아무것도 아니야. 네가 대수롭지 않게 받아들이면 남들도 대수롭지 않게 생각해. 네가 심각하게 받아들이면 남들도 심각하게 생각하고.

사람 알아 버리면, 그 사람 알아 버리면, 그 사람이 무슨 짓을 해도 상관없어. 내가 널 알아.

문득 그립다. 불신이 가득하고 서로 믿지 못하는 시대에, 팍팍하고 살벌하고 규칙과 경계만 강화되는 세상에, 사람 사는 이야기와 감동이 그리워진다.

아이가 행복한 세상

아내와 뉴스를 보는데 학교폭력 사건이 나왔다. 이에 대하여 이런저런 이야기를 주고받았다. 가해자는 아버지의 신분과 능력을 이용하여 2차, 3차 가해를 계속 저질렀다. 그러고도 오히려 피해자에게 소송을 걸어 시간을 확보하고 무사히 학교를 졸업하여 일류대에 진학했다. 법을 아는 사람인지라 변호사를 고용하고 대법원까지 가서 판결을 받았다.

자식이 잘못했으면 부모가 나서서 호되게 질책하고, 피해자 가족 앞에서 진정성을 가지고 사과해야 할 일을 법을 이용하여 더 큰 폭력을 휘두른 것이다. 변호사들은 업계에서 학폭 관련 업무가 블루오션이라고 한다.

"엄마는 내가 학폭을 하는 것과 당하는 것 둘 중 뭐가 더 싫을 거 같아?"

가까이 있던 딸이 물어본다. 아내는 짧은 탄식을 내뱉으며 "아,

둘 다 너무 끔찍한 일이야" 하면서 결국 대답을 하지 못했다.

최근에 유명한 학원 강사가 학생들 훈육하는 영상을 본 적이 있다. 자신은 최근 10년 동안 백화점에서 가격을 물어보고 물건을 산 적이 한 번도 없다고 했다. 가격을 물어보며 흥정하는 시간도 아깝다고 했다. 돈이 그만큼 많다는 것이고, 시간이 그만큼 부족하다는 것이다. 자신은 성공을 위해 치열한 삶을 살았다면서, 하루 3시간 이상 자 본 적이 없다면서, 학생 두 명이 수업 시간에 잠깐 존 것을 가지고 대놓고 지적을 하는데 기가 찼다.

대학 입시와 경쟁, 성공이라는 대전제 앞에서 아이들의 생각은 점점 빈곤해져 간다. 뛰어놀 공간과 여유가 줄어드는 세상에서 빗나간 자식 사랑과의 절묘한 교합이 학교폭력이나 가정폭력을 만들어 낸다. 그리고 그렇게 자란 이들이 사회에서 다시 갑질을 하는 악순환이 반복된다. 교육가 닐은 말했다.

> 공부하는 능력은 인간의 수많은 능력 중 하나에 지나지 않는다. 하늘은 그 누구에게나 한 가지 이상의 능력을 부여했다. 모든 인간이 평등하듯 인간의 모든 능력도 평등하고 공평하다. 학교 교육의 가장 큰 잘못은 시험 점수만으로 학생의 능력을 규정하고 속단하는 것이다. 학교 다니는 것은 지식을 쌓는 것만이 아니라 한평생 신명 나게 할 수 있는 일을 발견해 내기 위해서다. 이 세상에 귀하고 천한 직업은 없다. 도둑질과 사기가 아닌 한 그 어떤 직업이든 소중하고 존귀하다. 성공한 인생이란 자기가 가장 하고 싶은 일을 찾아내고, 그 일을 한평생 열심히 즐겁게 하고

사는 보람과 행복을 느끼며 노년을 맞는 것이다. 이 세상에 문제 아는 없다. 문제 가정, 문제 학교, 문제 사회가 있을 뿐이다.

사람에 대한, 성공에 대한 근본적인 사고방식의 전환이 필요한 시대에 살고 있다. 아이들이 뛰어놀며 마음껏 행복했으면 좋겠다.

야구의 교훈

평소 야구에 관심이 많다. 자연스레 이번 야구 월드컵 관련 기사를 많이 읽게 되었다. 한국 대표팀으로는 프로 주축 선수들과 미국 메이저리그를 경험한 선수들이 참여한다고 한다. 언론에서도 4강이 목표라고 해서 은근히 기대감을 가졌다.

우리는 일본과 같은 조였다. 조에서 2위만 하면 상위 라운드로 진출하기 때문에 첫 번째 호주와의 경기가 무척 중요했다. 하지만 첫 경기부터 몇 가지가 꼬이면서 결국 지고 말았다. 그다음은 일본과의 경기였는데 그마저도 무참히 깨졌다.

예배나 다른 일정과 겹쳐 경기를 직접 보지는 못했는데, 여러 분석 기사를 보니 어쩌다 아쉽게 진 것이 아니라 완연한 실력 차이 때문에 졌다. 국가대표 선수들은 야구계 선배들, 평론가들, 팬들에게 집중포화를 맞았다. 일주일이 지난 지금도 충격에서 빠져나오지 못한 채, 여러 채널에서 패인을 다각도로 분석하고 앞으로 한국 야구가 나아갈 길을 제시했다.

지난 10여 년간 우리나라가 주춤하는 사이 일본은 무섭게 치고 나가 한국과의 격차를 벌려 놓았다. 원래 야구 역사도 우리보다 길고 저변 자체가 넓다. 박찬호와 이종범, 이승엽과 류현진이라는 특급 선수들의 출현과 '한일전'이라는 특수한 감정이 발현되어 일본을 이기거나 국제 대회에서 좋은 성적을 거둔 적도 있지만, 이제 당분간 일본을 넘어서기는 어려울 것 같다.

일본 야구의 눈부신 발전에 대한 분석을 들으면서 가장 와닿았던 부분은 하체 훈련이다. 일본 선수들은 우리와 신체 조건이 비슷한데도 하체 훈련을 열심히 한 덕에 시속 150km 이상의 강속구를 던지는 투수가 많아졌다고 한다. 원래 칼날 제구가 강점인 나라였지만 이제 투수의 구속이 증가하고 타자의 힘도 몰라보게 강해졌다. 그동안 한국은 일본 야구를 무시하고 무작정 미국 야구를 흠모해 왔는데, 미국을 본받기는커녕 일본과 미국 사이 태평양 어딘가에 빠져 허우적거리고 있다는 뼈아픈 지적이 가슴에 남았다.

결국엔 기본기다. 교사든 목자든 목사든 기본기가 가장 중요하다. 예배를 무시하고, 기도를 소홀히 하고, 성경을 읽지 않으면 삶의 제구는 잡히지 않고 욕망으로 뒤척이게 된다. 로마의 권력에 기생하고, 백성의 눈치나 보는 신약 시대의 종교 권력자들처럼 결국 잎은 무성하지만 열매가 없는 초라함만 남는다. 돈은 쓰는 대로 없어지지만 욕망은 쓰는 대로 늘어난다. 과거사 문제는 여전히 깔끔하지 않고, 일본을 생각하면 불편함이 앞서지만, 야구를 통해 준비해야 할 점을 곱씹는다.

위험해야 안전하다

　도시의 삶은 규격화되어 있다. 네모난 아파트와 상가 건물이 밀집해 있고, 학교 건물도 거의 모양이 비슷하고, 공부하는 교실도 예전 국민학교 때나 지금이나 여전히 비슷하다. 똑같은 교복을 입고, 똑같은 노란색 승합차로 이동하고, 비슷한 건물 안에 들어가 수업을 받는 아이들에게 무슨 도전과 상상력을 기대할 수 있을까.

　부모의 과잉보호는 아이들의 삶을 더 위축되게 만든다. 질서와 규율, 공동체의 규칙과 바른 가치에 대한 교육은 필요하다. 하지만 그 이상 아이들의 삶에 개입하여 그들이 가진 자유로운 생각과 몸짓과 활동 영역을 제한한다면, 그것이 더 위험하다.

　아이들을 보면 스스로 놀이를 만들어 낼 줄 안다. 공간을 만들거나, 물건을 이용해 무엇인가를 구성한다. 가끔은 다치고 깨지고 상하는 경험을 하면서 자신의 한계를 깨닫고 여러 과정을 통해 성장한다. 안전한 과잉보호와 간섭 속에 자란 아이들이 자신의 삶을 제대로 구축할 수 있을지 의문이고, 조그만 어려움과 위험을 버텨 낼 수 있을지 걱정이다. 가장 위험한 것은 어쩌면 어른들의 불안이다.

　아동문학가 편해문은 위험해야 안전하다고 했다. 그는 지난 20년간 '위험과 놀이'라는 주제와 정면으로 씨름하며 《놀이터, 위험해야 안전하다》, 《위험이 아이를 키운다》 등의 책을 내놓았다. 책을 보면 놀이터의 가치는 '리스크(risk)'에 있다. 놀이터는 아이들이 도전과 위험을 만나고 그것을 실험하는 장소라는 것이다.

　저자는 우리나라의 놀이터가 안전하게 설계되었지만, 아이들의 흥미를 유발하지 못하기 때문에 더 위험하다고 말한다. 놀이터가 지루하면 사고 날 확률이 높다는 것이다. 놀면서 작은 위험을 만났을 때 오히려 그것을 피하기 위해 고도의 집중력을 발휘하면서 자신의 몸을 돌보고 더 건강하게 성장한다고 주장한다.

> 그렇다고 아이들을 위험에 빠뜨려야 한다는 뜻도, 위험천만하게 키워야 한다는 뜻도 아닙니다. 어린이는 안전과 더불어 위험이 무엇인지 알고 그것을 다룰 수 있어야 합니다. 그 위험을 피하거나 넘을 수 있어야 하고, 때론 정면에서 위험과 맞닥뜨리기도 해야 합니다. 편해문, 《위험이 아이를 키운다》

호계도서관 담장 밖으로 개나리가 내려왔다. 목련은 수줍게 피어나고 봄의 향연은 시작되었다. 죽음의 리스크를 열고 나온 꽃과 열매는 아름답다.

시인과 논리학자

한동안 어떤 주제를 중심으로 성경을 체계화시키는 방식을 좋아했다. 신앙의 유익과 의미를 선명하게 던져 주었기 때문이다. 하지만 어떤 본문 안에서는 명제를 체계화, 조직화시킬 수 없는 경우를 종종 본다.

신앙은 명제적으로 진술 가능한 것이지만, 그 이상이다. 논리와 진술로 다 담을 수 없는 신비로운 영역이 있다. 질병과 고난에 대하여, 삶의 복잡함과 고민의 깊이에 대하여, 이해할 수 없는 현상에 대하여 설명할 수 없을 때가 더 많다. 시편에 나오는 탄식과 부르짖음, 욥이 몸부림쳤던 고통에 대한 이해의 영역들이 우리 인간사에도 많다.

자주 보는 기독교 잡지에서 〈시인과 논리학자가 대결하면〉이라는 흥미로운 글을 발견했다. 그 안에서 G. K. 체스터튼은 이렇게 말했다.

> 모든 것을 수용하는 일은 일종의 훈련이지만, 모든 것을 이해하려는 일은 무리한 긴장을 가져온다. 시인은 그저 높고 넓게 뻗어 나가고, 드높은 하늘로 머리를 밀어 넣고 싶을 따름이다. 하늘을 자기 머릿속으로 밀어 넣으려고 하는 자는 바로 논리학자이다. 그래서 그의 머리가 쪼개지는 것이다.

논리로 이해하려는 태도가 철학과 신학, 과학과 기술의 발전을 가져왔는데 사람의 삶은 그것만으로 채울 수 없다. 하루 종일 공부만 한다고 해서 지혜로운 사람이 되는 것도, 훌륭한 사람이 되는 것도 아니다. 특별한 교육 혜택이 없는 시골에서 자란 아이들은 실컷 놀면서도 사계절의 신비를 몸으로 체득한다고 한다. 제철 음식이 무엇인지 안다. 모든 상황에 때가 있다는 것을 알기에, 나중에 커서도 큰 욕심을 부리지 않는다고 한다. 무릎을 쳤다. 이건 참 중요한 것이다.

누가복음 24장을 보면 예수님의 시신에 향품을 바르기 위해 무덤을 찾아갔다가 천사의 음성을 듣고 빈 무덤을 확인한 이들이 나온다.

그들에게는 큰 기쁨과 두려움이 공존했다. 주님은 이미 제자들에게 부활할 것을 명제적으로 진술하셨지만, 부활의 신비를 논리로 다 채울 수 없기에 빈 무덤을 보라고 하신 것은 아닐까. "하늘을 두루마리 삼고 바다를 먹물 삼아도 한없는 하나님의 사랑 다 기록할 수 없겠네"라는 찬송은 솔직하다. 논리학자가 되고 싶으면서도 시인이 부럽다.

여전한 이들

처음으로 부모님을 떠나 살았던 곳이 천안이다. 신학을 공부하며 기숙사 경험도 했고, 자취도 해 보았다. 당시 자취방에서 방학을 제외하고는 꽤 많은 시간을 함께 보냈던 형들이 있다. 2학년부터 졸업까지 거의 3년 과정을 함께했다. 월요일에 각자 집에서 반찬을 가져와 밥을 지어 먹고, 밤에는 개구리 울음소리 들리는 시골 예배당에서 기도하며 고민을 나누기도 했다. 가끔은 무작정 여행을 떠나기도 했고, 막연하지만 미래의 목회를 꿈꾸기도 했다.

공부보다 노는 것을 좋아했던 형들이다. 성향이 다 달랐지만 유머 감각이 뛰어났고, 여행을 좋아했고, 사람들을 좋아했다. 나를 포함해 다섯 명이 특히 친하게 지냈는데 4학년 말이 되어 헤어질 때가 되자, 정말 흩어질 수 있을까 생각이 들 정도였다. 자취방에서 나름 진실한 공동체를 형성하면서 깊은 삶의 지점들을 나누었기 때문에 결속력이 강했다. 서로의 특성을 너무 잘 알았고 그래서 서로 편안했다.

시간이 흐르며 모두 각자의 사정과 삶으로 흩어져 새로운 관계를 형성하며 살았다. 결혼을 계기로 삶이 더욱 바빠지고, 사역의 현장에서도 함께할 여유가 부족했다. 의정부에서, 오산에서, 서울에서, 안양에서, 캐나다에서 살아가며 가끔 장례식이나 기념일에 만났지만 회포를 풀기에 시간은 늘 제한적이었다.

몇 주 전, 평일 저녁 소파에 앉아 오랜만에 야구 경기를 보며 멍 때리고 있었다. 갑자기 전화가 울려 받았는데 25년이 훌쩍 지나도 그 시절 감성이 올라오게 하는 반가운 목소리가 들려온다. "교신아, 다들 수원에 모였는데 나와라."

잠깐 당황했다. 늘 정해진 틀 안에서 살았는데 갑작스런 일정이 어색했다. 옷을 주섬주섬 챙겨 입고 수원의 통닭집으로 향했다. 운전하는데 웃음이 나왔다. '친구란 이렇게 갑자기 불러내는 거구나' 생각했다. 참 오랜만이다. 밴쿠버에서 수술 때문에 들어온 태식이 형 덕에 오랜만에 소회를 풀었다.

지난 주일 밤에는 종선, 태식이 형과 함께 작년에 포항으로 간 현우 형을 찾아가서 만났다. 25년이 지나 이제는 다들 중년이 되었지만 함께 장난치고 웃고 떠들던 20대 초반 그 모습 그대로였다. 길거리에서 오뎅을 사 먹고, 영일대 해수욕장 주변을 걷고, 구룡포 바닷가에서 바람을 맞고, 사우나에서, 곰탕집에서 추억을 새겼다. 안양으로 출발하기 전에는 포항 물회로 속을 채웠다.

인생은 고달팠으나 유머는 잃지 않았다. 목회 방식이 달랐으나 우정은 남아 있었다. 사람의 마음은 언제든지 바뀔 수 있고 돌아설 수 있다는 사실이 마음을 아프게 할 때도 있지만, 세월이 지나도 여전한 이들이 있어서 행복했다.

걷는 즐거움

무작정 걷고 싶었다. 아무 생각 없이 목적 없이 휴대폰 없이 그냥 걷고 싶었다. 전기차, 수소차, 첨단 장비가 탑재된 새로운 자동차와 이동 수단이 계속 출시되는 세상에서 걷는다는 것은 무슨 의미를 가질까.

한적한 길, 트레킹 코스를 검색해 보았다. 요즘은 지자체마다 둘레길뿐만 아니라 걷기 좋은 길을 많이 만들어 놓아서 정보가 많다. 휴가 때에는 정선을 가자고 아내에게 제안했다. 오래전부터 가고 싶었던 곳이다. 초등 5학년 때 담임선생님이 겨울에는 바다로 가고, 여름에는 산으로 가야 한다고 했었는데 그 이야기가 마흔 넘어서야 조금씩 와닿는다.

물론 걷는다고 고민이 없어지는 것은 아니다. 내가 해야 할 일의 목록은 줄어들지 않고, 감당해야 할 사역과 삶의 무게도 가벼워지지 않는다. 하지만 걷기를 통해 시간과 공간의 새로움을 발견하고 그사이 누린 은밀한 기쁨이 삶의 활력소가 된 경험이 있다.

아내와 무작정 걸었다. 정선은 시원했다. 기온과 산소가 전혀 딴 세상이었다. 민둥산에 오르면서는 마음이 트였다. 근육이 팽팽해지고, 몸의 감각이 깨어났다. 모든 것을 조금 더 넓게 생각하자는 마음이 들었다. 새벽에 일어나 올라간 만항재 정상에서는 찬바람 속에서 한여름 야생화의 아름다움을 보았다.

만항재와 연결된 운탄고도를 걸으면서는 광부의 고단함을 조금 맛보았다. 커피 때문에 우연히 찾은 민둥산역 주변 마을의 소박함도 마음에 담았다. 틈나는 대로 아내와 걸으면서 목회와 삶과 자녀와 미래를 탐색해 보았다. 목마를 때까지 걷고 피곤할 때까지 걷자, 한 잔의 물이 귀하게 느껴지고 어떤 식탁도 고마웠다.

주말에는 유빈이와 관악산을 걸었다. 전망대까지는 갈 만했는데, 이후 가파른 길이 계속 나오고 바람은 불지 않고 후덥지근한 날씨로 몹시 목이 말랐다. 가져간 두 통의 물이 조금씩 없어지고 몇 모금 남지 않은 물을 아껴서 마셨다. 거의 다 왔다고 생각하고 마지막 힘을 내려는 순간 정상은 자꾸 도망갔다.

이제는 물도 없고 극한 갈증의 상태가 더해져서 더 올라가는 것이 무리라고 판단하여 내려왔다. 타는 목마름 속에서 물의 소중함을 배웠다고 딸아이가 이야기해 주었다. 정상을 밟지 못해도 무엇인가 소중한 것 하나 발견하면 괜찮은 거다. 앞으로 걸어가야 할 길이 많으니. 혹, 내 인생에 여유가 주어진다면 산티아고 순례길도 걸어 보고 싶다.

⏰ 노포가 좋다

노포 맛집을 좋아한다. 화려하고 쾌적하고 깔끔한 인테리어와 조명, 넓은 주차장을 구비한 음식점도 좋다. 하지만 때때로 허름하고 낡고 오래된 곳이 그립다. 그곳을 찾고 싶다.

연초에는 항상 교역자들과 동대문에 있는 서점에 가서 마음껏(이라 하지만 한도를 정해 주는) 책을 사라고 한다. 각자 필요한 책을 구입하고 들른 곳이 건너편 창신동 골목길에 있는 노포였다. 간판이 잘 보이지 않아 찾는데 오래 걸렸고 주차할 공간도 전혀 없었다. 겨우 찾아 좁은 입구를 지나 자리 잡고 앉자, 원형 테이블 화로가 마음의 노곤함을 풀어 주었다.

언제부터 노포를 좋아했는지는 모르겠다. 시간을 돌이켜 보니 20대 초반부터 양복 입고 늘 긴장된 상태로 살아야 하는 통에 술 한잔 기울이며 적나라한 대화를 늦게까지 풀어내는 삶이 부러웠나 보다. 새벽예배 때문에 밤늦게까지 뭘 하면 안 되고, 늘 시간을 체크하며 빠듯한 일정 속에 살면서 내심 노포와 그 속에 모여 있는 이들의 소소한 일상이 낭만처럼 보였나 보다. 마음껏 무엇인가 해도 된다는 것을 알기 전에, 무엇인가를 하면 안 되고 누가 막지 않았지만 스스로 한계 속에 가두는 삶이 조금은 답답했나 보다.

어딘가 모르는 길을 지나갈 때, 낡고 오래된 건물을 보면 하염없이 쳐다볼 때가 있다. 건축가도 아니고 영감을 얻거나 신령한 생각을 하는 것은 아니지만 그냥 좋다. 개발 논리에 따라 팔리고 허물어져야 하는 난리통에 끈질기게 살아남은 것이 좋았나 보다.

아파트에 내걸린 "안전진단 통과 축하" 현수막을 보면 쓴웃음이 나온다. 자신이 사는 집이 안전하지 않다고 공식 인정을 받았는데 축하하는 이상한 나라에 산다. 어쩌면 어렸을 때부터 세뇌를 당했는지 모른다. "두껍아 두껍아 헌 집 줄게 새집 다오."

모든 것을 돈으로 연관시켜 생각하는 나라에서, 돈 냄새를 맡고 돈이 아니면 죽을 것처럼 행동하는 사람들 틈에서, 노포는 그냥 사람 냄새나서 좋다. 주인장도, 오래된 물건도, 음식도 그냥 있는 모습 그대로 볼 수 있어서 좋다.

낡고 오래되었다고 다 내다 버릴 필요는 없다. 안전만 담보되면 그 자체로 역사가 되고 문화가 되고 전통이 된다. 관리적인 측면은 잘 모르겠고, 개발에는 별 관심이 없다. 변화하는 시대에 맞게 살아야 하지만 그 변화가 너무 빠르다. 묵상할 틈이 없다. 새로운 사상, 새로운 재료, 새로운 문화가 준비도 안 되었는데 너무 빨리 들어온다.

그럴수록 오래 살아남은 것이 좋다. 건물도 책도 음식도 가게도. 오래된 국밥집을 보면 무작정 들어가고 싶다. 깍두기 하나만 있어도 된다.

용량 비우기

천성적으로 정리를 잘 못한다. 그래서 목양실에도 책이 널려 있거나 물건들을 규모 없이 쌓아 놓을 때가 있다. 가끔 아내가 와서 정리를 해 주곤 하는데 시간이 지나면 다시 원위치 된다. 물건을 잘 버리지 못하고 모아 두는 데다 정리도 못하니 며칠 지나면 지저분해진다. 컴퓨터 바탕 화면도 온갖 잡다한 것이 늘어져 있다.

최근 바탕 화면에 있는 카카오톡이 열리지 않았다. 컴퓨터 용량이 너무 가득 차서 이용할 수 없다는 메시지가 떴다. 바탕 화면 파일을 그제야 몇 개 삭제하고 휴지통 비우기를 했더니 열려서 사용했는데 하루 후에 다시 이용 불가다.

문자를 길게 주고받아야 하거나 파일을 첨부해야 할 때가 많아

휴대폰보다는 주로 컴퓨터로 카톡을 이용하는데 할 수 없으니 여러모로 불편했다. 자료를 몇 개 없앤다고 해결될 문제가 아니라고 판단해서 윤여명 목사님에게 도움을 요청했더니 능숙한 솜씨로 원인을 밝혀냈다. 거의 모든 데이터가 한쪽 드라이브에만 몰려 있었다. 그동안 내려받은 엄청난 데이터가 그대로 저장되어 있었다. 지워도 되는 프로그램을 삭제하고 용량을 분산시키고 삭제한 것을 비워 냈다.

살다 보면 용량이 찬다. 묵은 감정, 정리되지 않은 생각의 자료가 퇴적물처럼 쌓인다. 그러면 분노 지수가 올라가고, 별것 아닌 일에 감정이 상하고, 신선한 생각이 들어오지 못한다. 용량 비우기가 필요한 때다.

정리의 기본은 버리는 것이다. 생각을 정돈하고, 상한 감정과 묵은 감정이 잘 빠져나가도록 출구를 열어 두어야 한다. 가을바람을 맞이하는 것, 맨발로 흙을 밟는 것, 숲의 향기와 좋은 산소를 들이마시는 것, 느긋하게 커피 한잔 마시는 것, 좋아하는 음악을 듣는 것, 나만을 위해 공간과 시간을 분리하는 것, 다른 세상 이야기와 삶을 들여다보는 것, 농담에 웃어 줄 수 있는 여유를 갖는 것, 이 모든 것이 용량을 비워 내는 데 도움이 되는 행동이다.

혼자 있을 때에도 비워 내기를 할 수 있지만 다른 사람과 함께할 때도 가능하다. 다른 사람들과 대화를 나누다 보면 딱딱한 돌멩이와 같던 내 생각이 부서질 때가 있다. 그중 몇 개는 버린다. 혼자만의 생각과 경험이 고착되어 그 누구의 말도 들어오지 않는 상태는 위험하다.

최근 동기 목사님들과 식사하는 자리에서 '마늘'을 조금 더 달라고 했더니, 직원에게 마늘을 받은 형님이 나에게 전달해 주면서 "너 마늘 사랑해"라고 이야기해 주었다. 빵 터져 웃는 사이 용량을 조금 비워 냈다.

반지 소동

아침에 샤워를 하고 나오는데 네 번째 손가락에 낀 반지가 보이지 않았다. '뭐지?' 하는 생각이 들었다. 결혼 이후 특별한 이유가 아니고는 반지를 빼 본 적이 없는데 반지가 없어졌다.

목양실에서 일하다가 더워서 잠깐 벗어 놓은 건지, 서랍에 안전하게 넣어 둔 건지, 아니면 몇 주 전에 조카가 한번 빼 달라고 한 적이 있는데 그때부터 안 낀 건지, 가끔 책을 넣어 들고 다니는 가방에 들어 있는 건지, 가능성 있는 기억을 하나씩 꺼내 보았지만 그 무엇도 명확하지 않았다.

아내도 못 봤다고 한다. 아내가 몇 가지 가능성을 두고 질문했는데 기억이 나지 않으니 답변을 할 수도 없다. 갑자기 '녹이 슬어 나도 모르게 쪼개졌나' 하는 전혀 가능성 없는 생각도 스쳐 갔다. 출근하여 목양실 책상 서랍이나 가방을 뒤져도 보이지 않았다. '유빈이가 어디 숨겨 둔 건 아닐까'에 잠깐 희망을 걸었다. 딸아이가 가끔 물건을 숨기고 장난치는 것을 좋아하기에, 차라리 그랬으면 좋겠다는 바람도 가져 봤다. 어디선가 나오겠지 편하게 생각을 하려 해도 계속 신경이 쓰였다.

몇 시간 지나 앉아 있는데 깜짝 놀랐다. 오른쪽 네 번째 손가락에 반지가 있는 것이 아닌가. 안도의 한숨과 더불어 순간 '이건 뭔가' 하는 생각이 들었다. 나는 항상 오른손에 반지를 끼고 다녔는데, 왜 왼손을 보고 반지를 잃어버렸다고 생각한 걸까. 오른쪽은 왜 생각을 못한 걸까. 반지를 끼고 있으면서도 찾기 위해 동동거렸던 내가 이상해 보였다. 뭔가에 조금 홀린 기분이 들기도 해서 아내에게 이 사실을 이야기했더니, 더 걱정한다.

'치매 전조인가?' 하는 생각이 들었다. 나도 나를 이해할 수 없었다. 늘 끼고 있어서, 너무 자연스러워서 인지를 못한 것으로 생각을 정리했다. 늘 가까이 있는 것의 소중함을 모르고 산다. 너무 가까이 있어서 오히려 인식이 안 되었다. 잠깐이라도 잃어버렸을 때 함께 있었던 것의 고마움을 깨닫는다. 오랜 시간 말없이 그 자리를 지켜 준 것이 고마운 일이다.

"아빠, 병원 가 봐야 하는 거 아냐?"

유빈이가 나중에 이야기를 듣고 한소리를 한다.

🍀 미나리

오랜만에 잔잔한 감동을 주는 영화를 만났다. 2021년 작인 〈미나리〉는 미국에서 정착하며 성공을 꿈꾸는 한 가족의 평범한 이야기를 다룬다. 보는 내내 옛 기억의 아름다움과 불편함을 떠오르게 했다. 시골의 푸근한 배경과 울림을 주는 배경음악, 가족의 평범한 일상과 언뜻 비치는 기독교 문화와 한국식 웃음 코드가 어우러진다.

병아리 감별사로 10년 이상 근무한 부부는 대도시 캘리포니아에서 시골 아칸소로 이주해 들어온다. 남편은 거대한 성공을 통해 가족을 책임지려 모험을 시도하고, 아내는 안전과 관계를 더 우선시한다. 남편은 경제적인 부가 가족의 상황을 구원할 것이라 기대하지만 아내는 점점 지쳐 간다.

배우 윤여정이 외할머니로 등장하여 이야기의 풍성함을 더해 주었다. 미국식 사고방식을 가지고 있는 손자와 한국식 사고방식에 익숙한 할머니는 서로 맞지 않는 부분이 많다. 갈등 속에서도 가족이라는 끊을 수 없는 사랑이 서로의 삶을 이어 준다. 심장 질환을 가진 어린 아들과 자연재해, 그리고 이미 전 주인이 실패한 땅은 불안을 더해 주지만, 할머니는 독특한 방식으로 편안한 웃음을 가족의 삶에 녹인다.

많은 위기 속에서 수확한 농작물의 판매처를 뚫고, 병원 검진을 통해 아들의 심장이 좋아졌다는 결과를 들었지만, 가치관의 차이가 극명하게 드러난 것을 참지 못한 아내는 더 이상 같이 살 수 없다고 한다. 무거운 분위기 속에 가족이 집으로 향하는데 그사이 추수한 농산품을 넣은 창고에 불이 난다. 병이 든 할머니가 불편한 몸으로 집안일을 하다 불이 붙어 대형 화재로 번진 것이다.

부부는 창고에 도착하자마자 있는 농작물을 하나씩 꺼낸다. 그 불길 속에 "여보" 부르는 장면에서 울컥했다. 가치관의 차이로 갈등했던 부부가 오히려 위기 속에서 구원의 길을 찾는다. 할머니는 초점을 잃은 허망한 눈빛이 되었고, 손자는 할머니를 찾으러 뛰어간다.

가족이 겨우 버티며 삶에서 끌어올린 수고가 모두 소멸된 후, 아빠는 아들과 함께 할머니가 심어 놓은 미나리를 발견한다. 할머니의 사랑 덕분이었을까. 가족은 더 애틋해졌고, 찾을 수 없었던 수맥을 발견했고, 누가 돌보지 않아도 미나리는 많이 자랐다. 불편한 기억, 갈등과 상처와 불안감 속에서도 어디선가 미나리는 잘도 자란다. 사랑의 신비로움이 아닐까 생각한다.

몸으로 배우는 삶

아직도 영 자신 없는 것이 화분 속 식물을 키우는 일이다. 엄연히 생명인데, 예전 예배당 목양실에 화분이 들어오면 내가 먼저 긴장이 되었다. 화분과 꽃을 지긋이 바라보는 여유도 없을뿐더러 햇볕과 바람이 잘 통하지 않는 장소이다 보니 시간이 지날수록 파리해지거나 말라 죽었다.

최근 청계동에서 평생 화원을 해 온 분이 건강 문제로 가게를 정리하고 남은 화분을 많이 주었다. 화분 속의 꽃 이름을 이야기해 주며 어떤 특성이 있고, 분갈이는 어떤 식으로 해야 하는지 알려 주었는데 마치 자식처럼 대하는 느낌이었다. 그 마음이 귀하여 임시 처소로 이사 오고 난 후 여러 번 가져왔다.

박은숙 집사님이 분갈이도 예쁘게 해 주서서 목양실에도 화분 몇 개를 가져다 놓았다. 조그만 창문도 있고, 햇볕도 들어와서 물만 잘 주면 키울 수 있겠거니 생각했다. 창문 너머의 광경이 재개발 공사

판이다 보니 화분을 보면서 삭막함을 조금 달래고자 하는 마음도 있었다.

그런데 시간이 지나면서 잎이 떨어지고 남은 잎사귀도 조금씩 힘이 없어졌다. '역시 나는 안 되나 보다' 하고 아예 옥상으로 옮겨다 놓았다. 물을 주는 것도 듬뿍 줄 수 있고, 햇볕도 바람도 많이 맞을 수 있어서 목양실에 가두어 놓는 것보다는 낫겠다 싶었다. 출근하면 옥상으로 올라가 물부터 주는 일이 일상이 되었다.

옥상 귀퉁이에는 텃밭 아닌 텃밭이 있는데 상추며 깻잎이며 심어 놓은 게 아주 잘 자란다. 체질상 게으르기도 하고 무지해서 영 관심이 없었으나 이제는 조금씩 눈이 간다. 나이가 조금 더 들면 꽃과 식물의 이름을 알아 가고, 소소하게 농작물 키우는 취미를 가질 수 있지 않을까 기대한다.

가끔 '자연인'이 나오는 프로그램을 보다 보면 산속을 거닐다 약초를 캐거나 잎사귀를 뜯으면서 이건 이름이 뭐고, 몸 어디에 좋고, 어떻게 음식을 해 먹으면 맛있고, 하며 이야기하는 장면을 보게 된다. 책을 보고 아는 지식이 아니라 실제로 경험해서 아는 맛과 향이 삶의 일부가 되어 있는 모습이 멋있고 부러웠다.

그동안 너무 교회 안에서만 있었나 보다. 어려서부터 목회 사역만 하다 보니 넓은 세상에 대한 감을 잃어버리기도 하고, 인간과 삶의 다양함과 치열함과 따뜻함과 소중함을 놓치기도 하고, 상상력이 찌개 쫄 듯 좁아지기도 한다. 세월이 갈수록 모르는 것이 더 많아진다. 마음을 열면 모든 것이 선생님이다.

미래의 서막

오랜만에 아내와 함께 영화를 보았다. 〈JFK〉는 미국 케네디 대통령의 암살 사건을 다룬 영화인데 3시간이 넘는 분량이라 긴 호흡이 필요했다.

지지 기반이 약한 케네디가 텍사스주에서 선거 운동을 하기 위해 카퍼레이드를 하는 중에 총탄 세 발이 날아들었다. 한 나라 대통령의 죽음이 전국에 생중계되었다. 한 치의 오차도 없이 이 일을 성공시키기 위해 얼마나 거대한 세력이 보이지 않게 움직이는지, 숨 막히는 전개를 따라 영화에 몰입했다.

지방의 한 검사는 이 사건의 진상을 조사한 보고서가 잘못되었다는 것을 깨닫게 된다. 하지만 누구도 의문을 제기하지 않는다. 검사는 어쩌면 알면 알수록 위험해질 수밖에 없는 암살 사건을 파헤치기 시작한다. 모두가 합리적 의심을 거두고 타협하지만, 협박을 견디며 내분을 감수하고, 가족과의 시간을 희생하며 팀원들과 진실의 조각을 맞추어 나간다.

하지만 검사가 유력한 증인으로 세우고자 하는 이들이 차례로 의문사를 당한다. 사건 종결 6년이 지나 유력한 용의자로 지목한 사업가를 법정에 세워 그 앞에서 변론을 이어 가는 주인공의 모습은 이 영화 전체의 하이라이트 장면이었다. 모든 사건과 상황을 종합하고 사실에 근거하여 진실에 다가서려는 그 노력 자체가 감동이었다. 요새 애들 말로 '찐다'.

더욱 놀라운 것은 아직도 이 사건의 배후가 명확하게 밝혀지지 않았다는 사실이다. 케네디가 암살을 당하지 않았다면 미국과 세계 역사는 얼마나 달라졌을까. 역사 속에 감추어진 진실과 억울하게 죽은 이들은 얼마나 많을까. 영화 맨 마지막 자막이 눈에 들어왔다.

과거는 다가올 미래의 서막이다.

문득 히브리서 11장과 화면이 겹쳐진다. 믿음으로 살았지만 아직 약속의 성취는 이루어지지 않았고, 믿음으로 핍박과 고난을 견디며 세상에서는 억울하게 죽었다. 믿음의 영웅처럼 등장하는 아브라함이나 모세나 다윗이 이야기의 주연이라고 생각했는데, 히브리서의 정황을 보니 하나님이 그들을 기다려 주셨다. 하나님이 설득해 오시는 시간이 그들의 인생이었고, 그것이 세상의 역사가 되었다.

오늘 살아 낸 날은 바로 과거로 남는데 이 과거가 다가올 미래의 서막이 된다면, 정말 믿음은 바라는 것의 실체이고, 보이지 않는 것의 증거로 남을 것이다. 내 인생도 여기에 살며시 포개고 싶다.

북한산

태어나면서부터 북한산 아래에 살았다. 초등학교 교가 역시 '북한산 정기'가 들어가던 기억이 난다. 동네 뒷산이 북한산 줄기여서, 마음먹고 조금만 올라가면 여러 봉우리를 만날 수 있었다. 어려서부터 장군바위를 늘 쳐다보며 살았다. 족두리봉 근처의 장군바위가 마치

《큰 바위 얼굴》에 나오는 것처럼, 늘 나를 쳐다보고 따라다니는 것 같은 느낌을 받았다.

가장 높은 봉우리인 백운대 정상은 여러 번 올랐다. 날씨가 좋으면 서울 전경뿐 아니라 인천 앞바다까지 보인다. 전도사 시절 중고등부 교사였던 아내와 학생들과 함께 북한산성 입구에서 백운대 정상까지 오른 적이 있다. 평소 오가던 길이 아닌 새로운 길로 가려다 길을 헤매서 결국 1시간 반이면 내려올 코스를 7시간 이상 고생하며 내려왔는데 도착해 보니 구기동이었다. 종일 고생해서 그런지 기억에 진하게 남았다.

비봉과 사모바위도 가 보았고, 구기터널 근처 계곡은 수도 없이 갔다. 옛날 어르신 목사님들은 삼각산에서 소나무 뿌리를 붙들고 기도했던 이야기를 무용담처럼 하곤 했다. 나중에 알고 보니 삼각산은 북한산의 세 봉우리(백운대, 만경대, 인수봉)를 일컫는 말이었다.

서울에 살 때는 잘 몰랐는데 안양에 살다 가끔 서울에 가면 북한산이 그렇게 장엄해 보일 수 없다. 서울 북쪽을 둘러 감싸고 있는 기상이 화려하다. 운전하면서 한강 다리를 건널 때면 북한산에 오르고 싶은 마음이 불쑥 일어난다.

이번 휴가 때 유튜브를 통해 북한산의 지형을 확인했는데 가슴이 뛰었다. 어려서부터 수도 없이 올랐던 길이 북한산 전체 지형에서 어느 위치에 있다는 것을 확인하면서 굉장한 재미와 감흥을 누렸다. 휴가 중 하루 날 잡아 혼자 배낭 메고 대남문 코스를 밟았다. 북한산성 입구에 주차했는데, 벌써 여러 봉우리가 눈에 들어왔다. 그 자체가 힐링이었다. 북한산 등반에서는 가장 쉬운 코스로 조금씩 오르막이지만 트레킹 수준이어서 초보자에게 강력 추천하는 곳이다. 이곳의 장점은 계곡의 물이 굉장하다는 것이다.

북한산의 피톤치드는 말로 표현할 수 없을 정도로 상쾌하다. 어린 시절이 생각나고, 마치 고향에 온 것처럼 편안했다. 기회가 되는 대로 북한산의 여러 코스를 밟으며 심장이 뛰는 소리와 함께 절경을 누리고 싶다. 북한산을 어느 정도 정복하면 지리산이나 한국의 명산을 하나씩 오르고 싶다. 휴가 때 나에게 '큰 바위 얼굴'은 북한산이었다. 삶의 의미와 관대함, 화려함과 웅장함까지 귀한 선물을 받았다.

열정의 회복

비가 좀 시원하게 내렸으면 좋겠는데 조금 오다 말았다. 반월호수 둘레길을 돌았더니 바닥이 훤히 드러난 곳이 많았다. 비가 오는 것도, 오지 않는 것도 인간의 능력 밖에 있다.

요즘 성경 읽는 시간이 달콤하다. 고등학교 때에는 매일 20~30장씩 읽었다. 읽다가 가슴이 뛰기도 했고, 읽다가 울기도 했다. 야간 자율학습 시간에도, 독서실에서도 공부하기 전에 먼저 성경을 읽었다. 어떤 때는 너무 재미있어서 1시간이 훌쩍 넘어가기도 했다.

고등학교 졸업하고 바로 들어간 신학교에서는 마치 물 만난 고기처럼 공부가 재미있었다. 성경을 읽으면서 궁금했던 것이 해결되기도 하고, 더 큰 갈증이 일어나기도 했다. 파트타임으로 사역할 때도 성경을 꾸준히 읽고 아이들에게 성경의 중요성을 반복해서 가르쳤다. 수련회도 아예 밥만 먹고 성경만 읽는 일정으로 꽉 채워서 2박 3일간 신약을 소리 내서 읽으면서 통독했다.

전임으로 사역을 시작하면서 꼭 해 보고 싶었던 것이 두 가지 있었다. 주로 고등학생, 청년부를 담당했는데 지리산 종주를 하고 싶었다. 또 하나는 산속 오지로 들어가 밥만 먹고 성경만 일주일 정도 읽고 나오는 것이다. 여러 이유로 하지 못한 것이 지금도 후회스럽다.

가끔 내가 맡았던 이들에게 '무엇을 남겼는가' 두려운 마음이 든다. 골리앗과 싸우기 전, 다윗이 남겼던 믿음의 고백을 하면서 살아가는지 의문이 들면 마음이 아려 온다. 생각해 보면 팬데믹은 한국 교회 믿음의 수준을 확인하는 무대였다. 둘레길에서 본 호수의 바닥을 보는 것 같았다. 대학 입시라는 골리앗 앞에 예배가 무너지고 주일 성수와 헌신이 무너진 현실 때문에 마음이 짓눌릴 때가 있다.

나부터 말씀의 열정을 회복해야겠다는 생각을 했다. 로드맵을 구상하여 교역자들과 그 이야기를 나누고 있는데, 카페 건너편에서 어떤 분이 와서 말씀 액자를 선물로 주고 싶다고 했다. 우리가 도착하기 전부터 테이블에 여러 명이 모여 무엇인가 작업을 하고 있었는데 그 작업의 결과물 중 하나를 주는 것이다. 아마도 캘리그래피 수강생인 듯싶다. 받아 든 말씀을 보는 순간 소름이 돋았다.

> 풀은 마르고 꽃은 시드나 우리 하나님의 말씀은 영원히 서리라 하라 사 40:8

가물어 메마른 땅에 은혜의 단비를 기다린다.

새 예배당 건축 부지에서 기공 예배

하나님의 역동성, 그 변혁의 실제이다.
새 예배당 기공 예배는 기록이자 흔적이었다.
건축 과정에 내게 주신 감동에 오늘도 감사하다.

잘 알지도 못하면서, 감히 주님의 뜻을 흐려 놓으려 한 자가 바로 저입니다.
깨닫지도 못하면서, 함부로 말을 하였습니다.
제가 알기에는, 너무나 신기한 일들이었습니다. 욥 42:3, 새번역

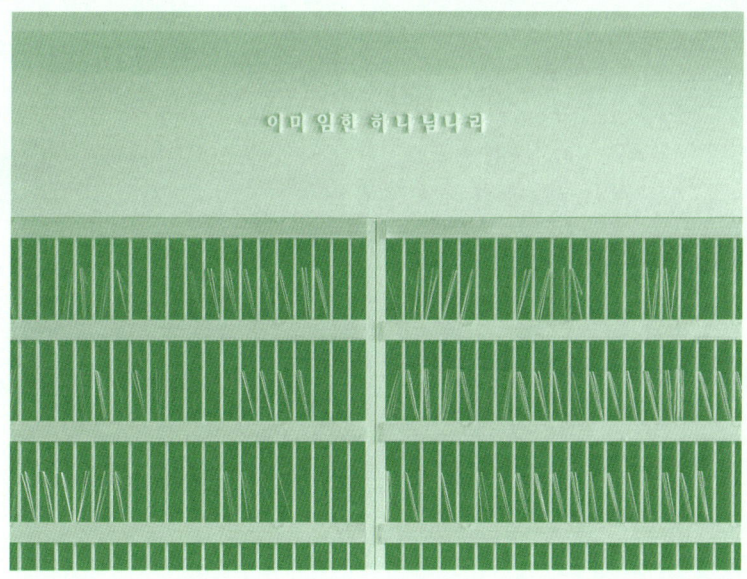

교회 비전: 이미 임한 하나님 나라

1층 현관과 2층 소극장

새 예배당 완공 후

본당 예배실

건축의 과정도 목회의 과정이고,
목회의 과정은 변화의 과정이었다.
피조물을 회복하시는 하나님의 일에 참여하는 일이었다.

PART 4 나눔

이미 임한 하나님 나라

또 여기 있다 저기 있다고도 못하리니 하나님의 나라는
너희 안에 있느니라
누가복음 17:21

🌿 하얼빈

    오랜만에 소설을 읽었다. 저자 김훈은 전에 《칼의 노래》를 통해 이순신의 내면을 조명한 적이 있었는데, 젊었을 때부터 안중근에 대한 부담이 많았다고 한다. 그는 건강이 약화되고 회복되는 과정에서 죽기 전에 써야 한다는 사명감으로 안중근에 관한 책을 썼다. 우울했던 구한말의 시대적 배경 속에서, 저자 특유의 단문이 생각을 자극시켜 새로운 상상력을 일으킨다.

    《하얼빈》은 이토 히로부미를 사살했던 안중근의 영웅담에 쏠려 있지 않고 어두운 시대를 헤쳐 나가는 지식인과 신앙인의 미약한 내면에 주목한다. 모든 이야기의 구성이 이토 사살을 향하지만 그 장면은 덤덤하게 넘어갔다. 오히려 마음의 갈등과 공조했던 이와의 짧은 단문 대화, 그리고 안중근의 사형 이후 가족과 주변 사람의 여정이 새롭게 다가왔다.

    가장 흥미로운 대목은 천주교회의 태도였다. 안중근과 그의 집안은 천주교였고 세례도 받았다. 하지만 천주교회는 십계명 "살인하지 말라"를 어긴 죄인으로 안중근을 치리했다. 그에게 세례를 준 빌렘 신부는 그가 고해성사를 통해 죄를 용서받기를 원했다. 하지만 한국 천주교회를 총괄하는 뮈텔 주교는 사형선고를 받은 안중근을 만나는 것조차 불허한다.

> 빌렘은 겟세마네의 예수 앞에 꿇어앉았다. 빌렘은 조선에 부임한 이래 이 작은 반도에서 벌어진 죽음과 죽임을 생각했다. …

안중근이 사형을 당하기 전까지 아직은 며칠이 남아 있을 것이었다. 빌렘은 안중근의 생명이 살아 있는 그 며칠을 생각했다.

당시의 프랑스 신부로서는 천주교회가 조선에 잘 뿌리내리기 위해서라도 일본 정부의 눈치를 봐야 하는 입장이었다. 그럼에도 빌렘 신부는 주교의 명령을 거부하고 안중근을 만난다. 안중근은 자신의 잘못을 인정하지 않고 침묵으로 일관했지만, 빌렘 신부는 그 침묵 속에서 고해성사를 베풀고 거칠었던 그의 영혼이 안식하기를 소망한다.

당시 천주교회는 이분법이 명확했다. 교회 밖에는 구원이 없고 하나님은 교회를 통해서만 섭리하신다는 교리를 전했다. 1993년 김수환 추기경은 '안중근 추모 미사'를 집전하면서 당시 한국 교회를 대표하던 어른들이 안중근 의사의 의거에 대하여 바른 판단을 내리지 못한 것에 대한 연대적인 책임을 고백했다. 안중근의 행위는 정당방위이며, 국권 회복을 위한 전쟁 수행으로서 타당하다는 발언도 했다.

광복 직후 김구는 여순 감옥 공동묘지에 묻힌 안중근의 유해를 발굴하고자 노력했고, 2006년에는 남북한이 합동 발굴단도 구성했지만 지금까지 그 유해의 행방을 알 수 없다고 한다. 참 안타까운 일이다.

약소국을 침범하는 제국주의의 폭력에 온몸으로 저항했던 우리 청년들의 결기가 가슴 아픈 감동으로 다가오는 책이었다. 교단 총회 가기 전, 범계문고에 들러 구입했는데 며칠 지나 문을 닫았다는 소식을 들었다. 좋은 서점들이 버티지 못하는 현실이 안타깝다. 《하얼빈》은 정들었던 범계문고에서 구입한 마지막 책이 되었다.

🌿 칼바람에 사발면

월요일, 갑작스레 정약용 생가를 다녀왔다. 그냥 바람을 쐬고 싶은 마음에 아내와 아이들을 꼬셔 무작정 출발했다. 하늘은 눈부시게 아름다웠지만 칼바람 부는 추운 날씨였다. 조금 출출하여 남양주 어딘가에 있는 편의점에서 사발면을 샀다. 딱딱한 면에 스프를 넣고, 펄펄 끓인 물을 부었다. 안에서는 먹을 수 없어 바깥 테이블에 자리를 잡았다. 바람이 얼마나 부는지 사발면이 날아갈까 봐 꼭 붙잡고 먹었다. 뜨거운 국물을 들이켰다.

문득 주일 새벽에 도시락을 받아 가는 할머니가 생각났다. 도시락을 받아 든 할머니는 교회 임시 처소 건설 현장 입구에 있는 경비실을 서성였다. 자리를 찾는 것처럼 보였는데 설마설마했다. 식사를 하면 안 되는 장소였다. 할머니에게 다가가 물어봤다.

"할머니 뭐하시려고요?"

역시나 거기서 밥을 먹으려 했다. 댁이 어디인지 물어보자 범계역 근처라고 했다.

"그럼 집이 가까우니 가서 드셔야지요."

그랬더니 너무 배가 고파 여기서 먹고 싶다고 했다. 건너편 길에 나무 의자가 있다고 안내했더니 할머니는 그곳에서 식사를 했다. 지난주에는 건물 담벼락 구석에서 혼자 쭈그리고 앉아 식사를 했다. 움츠린 뒷모습에도 표정이 있다. 얼마나 배가 고프면 그럴까 마음이 좋지 않았다.

아무리 도시락을 나누어도 날씨가 추우면 밥 먹는 것이 쉽지 않다. 칼바람 맞으면서도 가족이 사발면 먹는 것은 행복한 추억이 되지만, 누군가에게 길거리 식사는 서글픈 현실이다. 탐욕과 욕망의 돈 잔치를 벌이는 사람들 사이에, 여전히 일용할 양식에 굶주린 이들이 많다. 국방력 세계 6위, 경제 규모 세계 10위라 했던가. 하지만 실감이 나지 않는다. 그 많은 돈이 어디에, 누구에게 묶여 있는 것인지 주일 새벽이면 가슴이 아프다.

월요일은 주일 잔상이 많이 남는다. 성경이나 책도 잘 읽히지 않는다. 뭔가 좀 털어 내고 비워 내야 새로운 것을 담을 수 있다는 것을 배운다. 힘든 사람도 많고 아픈 사람도 많다. 가정과 목회 환경 속에서 출구를 찾지 못해서 고민하는 친구도 있다. 남양주 어느 곳에 자리 잡은 정약용 생가 주변으로 북한강은 유유히 흐르고, 산은 늘 그 자리에 있다. 자연이 아름다운 것은 변하지 않기 때문일 것이다. 뜨거운 국물에 잔상이 녹아내리고, 칼바람 속에 걱정이 날아가기를 염치없이 바랐다.

🌿 삶에 밑줄을 긋자

이번 겨울에는 유난히 눈이 많이 왔다. 교회 주차장은 등산로 입구이기도 한데, 눈이 온 산을 바라보노라면 한 폭의 그림 같다. 그리움을 오래 묻어 두라고 눈이 많이 오는가 싶다. 재개발로 주민들이 다 떠난 동네는 눈이 수북이 쌓인다. 누군가 먼저 와서 새벽예배 가는 길만큼 길을 만든다. 교역자들과 성도 몇 분이 허리 아프도록 주차장과 골목길의 눈을 쓸고 치웠다.

　새벽예배를 마치고 운전해서 아파트 주차장으로 내려가는데 경비원 아저씨가 혼자 열심히 눈을 치우고 있었다. 주차하는 내내 갈등이 일었다. 출근 전까지 아저씨를 도와 눈을 치울 것인가 아니면 집에 올라가 1시간이라도 쉬고 출근하는 것이 나을까. 더군다나 그날은 종일 세미나 일정이 잡혀서 강의를 듣고 줌으로 소그룹에 참여해야 했다.

　이런 생각이 한쪽에서 올라온다. '중요한 강의를 듣기 위해서는 집중력이 필요하다. 그러려면 조금이라도 쉬는 것이 좋겠다.' 그러자 다른 쪽에서는 자책감이 몰려온다. '올겨울에 아파트 주차장에 쌓이는 눈 한 번이라도 치운 적 있는가?'

　현실과 양심 사이에서 갈등하며 우왕좌왕하는 사이, 주차를 마치고 계단으로 올라와 1층 현관 앞에 섰다. 원래대로라면 지하에서 바로 엘리베이터를 탔을 텐데 말이다. 경비 아저씨 뒷모습이 보였다. 하지만 순간적으로 몸을 돌려 엘리베이터 쪽으로 향했다. 아무래도 출근 전까지 쉬는 게 나을 것 같았다.

　양심과 자책감을 묻어 두고 훈훈한 집에 들어가 쉬었다. 그리고 출근하기 위해 지하 주차장으로 내려가 차를 몰고 지상으로 올라왔다. 저만치 모퉁이에서 경비 아저씨가 여전히 눈을 쓸고 있었다. 관리소장님도 거들고 있었지만 경비 아저씨는 많이 지쳐 보였다. 찰진 눈이 바퀴에 눌리며 뽀드득 소리를 내자 두 분이 눈을 쓸다 말고 내 차를 돌아보았다. 순간적으로 창문을 내리고 인사를 건넸는데 아차 싶었다. 숨고 싶었다. '나도 도울 걸' 하는 후회가 몰려왔다.

삶에 밑줄을 그어야 하는데 책에만 밑줄을 그으며 산다. 목사라는 명분을 동네 주민보다 앞세웠다. 내 행위를 정당화하기 위해 온갖 구실을 붙였다. 고군분투한 삶을 보여 주는 설교여야 했는데, 책상에서만 원고를 작성했다. 부끄러운 하루가 지나간다. 눈이 거하게 한 번 더 내렸으면 좋겠다.

믿음이 이어지는 일상

사업을 경영하는 이들은 젊은 직원 구하기 어렵다 하고, 청년들은 구직 활동이 어렵다고 한다. 이직률도 높다. 아니다 싶으면 여지없다. 여러 가지 문제가 복잡하게 얽혀 있는 사안이기 때문에 쉽게 논할 수 없지만, 아무튼 좋은 일자리 구하는 것이 힘든 세상이 되었다. 자신이 하고 싶은 일을 하면서 근무 조건이나 환경에 만족할 수 있는 사람이 몇이나 될까.

최근 친환경 제품을 만드는 사업장을 방문했다. 가게 입구에 '플라스틱 제로'라는 글자가 있어서 구호인 줄 알았는데, 상호로 사용한다고 했다. 일상에서 사용할 수 있는 제품이어서 친근감이 들었다. 가내수공업으로 출발했는데 몇 달 전부터 주문이 많아져서 계원예술대학 근처에 사무실을 마련하고 밤늦게까지 수고를 감당해야 하는 상황이 되었다.

플라스틱 제로를 경영하는 배지에 자매는 모두가 부러워하는 직업을 과감하게 내려놓았다. 힘든 과정을 거쳐 들어간 자리였지만, 조직과 위계질서가 자신과 맞지 않음을 확인했다. 버티는 쪽이 아니라 나와서 몇 년 지나 자유롭고 창의적인 일을 시작했다. 자신이 하고 싶은 일, 하면서도 기쁘고 보람 있는 일을 찾았다. 사업은 워낙 변수가 많아 헤쳐 가야 할 일이 앞으로도 많겠지만 진심으로 응원하며 기도해 주었다.

플라스틱 때문에 망가지는 생태계의 경고를 심각하게 받아들여야 한다. 아내는 물건을 덜 사고 덜 버리는 것을 중요하게 생각한다. 친환경 제품은 비싸다는 인식 때문에 고민이 되었는데, 플라스틱 제로 제품은 부담 없이 일상에서 사용할 수 있다. 이 점이 마음에 든다.

신음하는 세상, 영광의 자유를 기다리는 피조 세계의 안타까운 외침이 늘 부담이었는데 노동의 가치를 통해 만물의 회복에 참여하는 사업장을 보며 위로와 격려를 받는다. 평소에 관심을 가졌던 삶의 방식을 사업으로 연결시켰다. 플라스틱 제로는 어쩌면 불가능한 영역에 손을 대었다. 골리앗 앞에서 몇 개의 돌을 줍는 심정이었으리라.

믿음이 삶의 방식으로 이어지고, 일상에서 실천 가능한 일을 노동과 사업으로 연결한 현장을 보았다. 세상이 꿈쩍하지 않아도 꾸준하길, 노동의 수고가 합당한 보상으로 이어지길, 사용하는 많은 사람에게 복이 되길 기대한다.

목사 타이틀 내려놓고

운동을 좋아한다. 초등학교 때에는 운동장에서 아주 살았다. 축구 농구 배구 족구 다 좋아하는데 정기적으로 할 수 있는 여건이 제한되어 있어 아쉬울 때가 많았다. 안수집사회와 당회가 일 년에 두 번 단합 대회를 가지는데 주로 족구를 한다. 그런데 2~3년 전부터 집사님들 장로님들 연세가 있어서 그런지 몸이 예전 같지 않아 보였다. 부상의 위험도 많아서 이번에는 볼링으로 종목을 변경했다. 비교적 무리하지 않고 할 수 있는 운동이다.

다른 분들도 바쁘고 정신없는 삶을 살았겠지만 나도 온 가족 새벽기도회 주간에 잠을 제대로 자지 못해 몸도 그렇고 컨디션이 최악이었다. 그래도 최선을 다하자 싶어 공을 두 손으로 받쳐 들고 숨을 고른 다음 최대한 집중했다.

첫 번째 게임에서는 몸이 찌뿌둥해서 그런지 자세가 흐트러질 때가 많았다. 두 번째 경기할 때에는 엄지손가락에 물집이 잡혀 공을 빼는 순간에 통증이 몰려왔다. 그런데 이상하게도 던지면 공이 핀을 향해 가서 스페어 처리가 제법 잘 되었다. 두 번째 경기는 생각보다, 내 평균보다 더 나왔다. 지난번 교사들과 단합 대회를 할 때도 이상하게 점수가 잘 나왔다.

운동을 하다가 자연스레 옆 레인 분들에게 관심이 갔다. 오른쪽 레인에서 볼링을 치던 가족에게 귤과 경주빵을 나누어 주었다. 그분들이 가자 학생들이 몰려왔는데, 중학생인가 싶어 물어보자 고등학생이라고 한다. 삼다수와 귤을 나눠 주니 무척 고마워한다.

학생들 치는 모습을 보니 밝고 생기발랄. 넓은 볼링장을 두루 살펴보니 청소년들이 많다. 사실 굉장히 놀랐다. 주일에는 학생들이 다 학원에 있는 줄 알았다. 교회가 학원에 학생들을 빼앗겼다고 생각했다. 하지만 운동하는 자리에 학생들이 많다.

 예배당 이전을 하면 호계체육관에 많이 다녀야겠다는 생각을 했다. 목사의 자리는 고립되기 쉽다. 주변에는 거의 다 목사들이고, 믿는 분들이다 보니 정작 세상 사람들과 자연스럽게 만날 기회가 적다. 소금 통 안에 갇혀 있는 소금처럼 살았다. 세상 사람들과 자연스럽게 만나고 대화하며 그렇게 사는 길을 찾고 싶었는데, 볼링을 치면서 '여기가 되겠구나' 하는 생각이 들었다. 목사 타이틀 내려놓고 이웃이요, 친구요, 동료로 함께 땀 흘리고 싶다.

 볼링 결과. 전체 2등을 해서 상금을 받았다. 거금 백만 원! 봉투를 여니, 백 원짜리 한 개와 만 원짜리 한 장이 들어 있었다.

찾는이

 오랜만에 새 가족 등록 심방을 다녀왔다. 예배드리고 담소를 나누던 중, 새 가족은 평소 궁금했던 부분들을 질문해 왔다. 세상살이에 대하여, 교회에 대하여 이런저런 질문을 했는데 답을 하는 과정에서 나 또한 우리 교회가 하고 있는 사역을 정리하고, 또 어떤 방향으로 가야 할지 생각해 보게 되었다.

 전도는 '삶의 방식'이다. 영업이 아니다. 영업은 삶의 방식과 무관하게 감당할 수 있다. 말을 잘하면 상품을 잘 홍보하면 사람들이 넘어갈 수도 있다. 물건에 대한 호기심, 소비 심리를 잘 이용하고 옆에서 누가 조금만 부추기면 구매한다. 하지만 전도는 삶의 방식이 드러나는 것이다.

전도는 '삶의 과정'이다. 과정이란 어떤 지향점을 향해 나아간다는 것을 의미한다. 왜 사는지, 어떻게 사는지, 어디로 가는지 그 지점들을 수시로 확인하고 가는 것이다. 내가 어디에 와 있고 이제 어떻게 살아야 하는지 끊임없이 되묻고 성찰하고 전망한다.

전도는 '삶의 목적'이다. 목적 안에는 삶의 의미가 담겨 있고, 의미를 추구하는 과정에서 재미가 발생한다. 사람들은 재미를 먼저 추구하지만 그렇게 맛본 즐거움은 오래가지 않는다. 진정한 즐거움은 의미를 추구하고 실현하는 과정에서 나오며, 그 의미는 우리 삶의 목적과 긴밀하게 연결되어 있다.

삶의 방식과 과정과 목적은 개별적인 것이 아니라 서로 연결되어 있다. 내가 그렇게 살지 않는데, 내가 그런 목적을 향해 가지 않는데, 누군가에게 복음을 전한다는 것은 불가능하다. 물론 얼마나 많이 알고 있느냐와는 별개의 문제이다. 아직은 다 모른다. 이제 막 시작했을 수도 있다. 성경 지식이 부족할 수 있다. 하지만 아는 만큼, 누리는 만큼은 이야기해 줄 수 있다. 진실함은 거기에서 나온다.

> 찾는이: 세상을 살아가며 세상에 함몰되는 것을 달가워하지 않고, 자신과 세상과 신에 대한 질문을 던지며, 답을 찾아 나가는 사람. 하나님과 삶의 의미를 찾는 사람.

몇 년 전부터 '찾는이'라는 단어를 사용해 왔다. 아직은 익숙하지 않을 수도 있고, 혼선이 있을 수도 있다. 하지만 불신자, 전도 대상자라는 개념을 넘어서서 우리가 복음을 전해야 할 이들이 찾는이임을 기억했으면 좋겠다. 찾는이 명단만 봐도 배부르다. 3백 명이 넘는 이들을 품고 기도를 시작했다. 단지 숫자가 아니라 한 영혼이다. 내 삶에 소중한 이들이다. 우리 삶의 방식과 과정과 목적을 돌아보는 좋은 계기가 되었으면 좋겠다.

소음

아파트로 이사한 지 벌써 4년이 넘었다. 그동안 우리 아이들에게 가장 많이 한 말은 "뛰지 말라"가 아니었을까. 하기 싫었고 미안했지만 해야 했던 말이고, 지금도 가끔 한다. 마음껏 뛰어놀고 소리도 지르고 춤도 추면서 살아야 하는데, 대부분의 아이들이 아파트와 학원과 입시에 갇혀서 살아가는 것을 보면 가끔 분노가 치밀어 오른다.

몇 달 전 우리 집 위로 서너 살 정도 되는 남자아이를 키우는 부부가 이사 왔다. 부부는 처음부터 손 편지와 선물을 전해 주었다. 아내는 "아이들이 뛸 수도 있지요, 뭐" 하면서 감사한 마음으로 선물을 받았는데, 뛰는 정도가 보통이 아니었다. 불면증이 있고 소리에 예민한 아내 입장에서는 상당히 힘들 수밖에 없는 상황이 계속되었다.

'층간 소음이 이런 것이구나. 아래에 사는 사람들은 참 고통스럽 구나.'

이 생각과 동시에 아랫집 분들에게 미안한 생각이 들었다. 우리 아이들은 얼마나 시끄러웠을까. 전에 우리 아이들이 교회당 앞 선영빌라에 살 때는 마음껏 춤도 추고, 신나게 뛰어놀며 지냈다. 나름 통제한다고 했지만 아이들 입장에서 뛰지 않고 지내기는 어려웠을 것이다.

어느 날 아내는, 아무리 시끄러워도 우리는 윗집 부부에게 뭐라고 하면 안 된다고 하면서 예전 기억을 소환했다. 선영빌라 아래층에 살던 문원분 할머니는 만날 때마다 아이들이 뛰어서 얼마나 좋은지 모르겠다고 했다. 시끌시끌해야 사람 사는 것 같다고, 우리 아이들이 서울 할머니 집에 며칠 가 있을 때면 언제 오냐고, 아이들 뛰는 소리가 들리지 않으니 적적하다고 하면서 오히려 기다려 주었다.

우리 아이들이 5년 가까이 교회 앞마당과 산을 돌아다니며 선머슴처럼 놀고, 교회 아이들도 자주 와서 북적였는데, 그것을 오히려 즐거워하는 분이 있어서 우리는 좋은 추억을 가질 수 있었다.

그러잖아도 요즘 어떻게 지내는지 궁금했는데 명절 앞두고 할머니가 전화를 했다. 아파트 앞에 와 있는데 몇 호냐고 물었다. 급히 아내에게 전화해서 내려가라고 해 놓고, 나도 10분 뒤에 집으로 향했더니 현관에서 아내와 할머니가 대화를 나누고 있었다. 명절이라고 선물을 가져왔는데, 할머니의 병약한 몸과 형편을 알기에 다리를 절뚝이며 집으로 가는 뒷모습을 보면서 마음은 더 먹먹해졌다.

오대산 선재길

목사에게도 공동체가 필요하다. 삶을 나누는 사람들, 사역의 동지들, 내가 올바른 방향으로 가고 있는지 마음껏 질문을 쏟아 내고 씨름할 이들, 무거운 주제가 아니더라도 그냥 마음을 털어놓고 가끔 생각하면서 웃을 수 있는 이들이 필요하다. 목사는 고립되기 쉽다. 누구에게도 털어놓지 못한 고민은 몸이 끌어안아 결국 병으로 번진다. 목사야말로 외골수가 되기 쉽다. 자기 생각이 다 옳은 줄 안다.

3월부터 김형국 목사님과 함께 신앙의 동지들이 모여 만남을 가졌다. 원래 계획대로라면 한 달에 한 번 목사님 댁에서 같이 밥을 먹고 놀고 기도하고 대화를 나누었을 텐데, 팬데믹 때문에 계속 줌으로 모였다. 서너 시간 밀도 있는 대화를 나누기도 했지만, 이번에는 산에서 만나기로 했다.

새벽 설교 후 2시간 반을 운전하여 오대산 월정사 앞에 도착했다. 주차하는데 입구에서부터 걸어온 김형국 목사님이 손을 흔들어 주셨다. 잠깐 대화를 나누는 사이 울산에서 목회하는 문상균 목사님이 도착했고, 조금 뒤에 서울에서 같은 차로 온 조영민, 손성찬, 박병기 목사님이 도착했다. 춘천의 박유식 목사님은 갑자기 일이 생겨 식사 시간에 합류하기로 했다.

여섯 명의 목사가 짝을 지어 상원사까지 가는 선재길을 걸으며 대화를 나누었다. 3시간가량 등산하면서 짝을 바꿔 30분씩 대화를 나누었다. 예정에 없던 속마음과 고민이 쏟아진다. 그것은 곧 나를 규정하는 일이다. 김형국 목사님과의 대화는 새로운 통찰력을 주었고, 동료 목사님들과의 대화는 서로를 이해하는 통로가 되었다.

점심은 평창 한우를 먹었다. 주저 없이 카드를 내미는 김형국 목사님의 뒷모습이 아름답다. 나도 카드를 내미는 목사가 되고 싶다. 점심 식탁 위에서도 사역과 전도와 교회를 세우는 이야기는 쉴 새 없이 이어진다. 모임 인원 제한 때문에 두 팀으로 나눠 식사를 따로 한 후에 평창 휴게소 앞에서 커피를 마시며 마지막 대화를 나누었다.

함께 걷는 이들과의 동행은 선재길보다 편안했고, 마음은 계곡물보다 시원했다. 오대산의 정기를 받고 하나님 나라를 꿈꾼다. 우리는 앞으로 어떤 숲을 이루어 갈까.

갈비탕 심방

집사님 한 분이 실버대학 어르신들 갈비탕을 대접하고 싶다며 50만 원을 보내왔다. 지난 2년 동안 실버대학이 제대로 운영되지 못했고, 정식 심방도 못한 상황이어서 75세 이상 어르신 모두를 대상으로 심방을 계획했다.

실버대학 담당 목사님과 교구 담당 목사님과 함께 명단을 작성하고, 동선을 파악하며 심방을 진행했다. 현관 앞에서 짧게 만나는 시간이지만 세 명의 목사가 함께 기도하면 어르신들 눈가가 눈물로 촉촉하게 젖어 들 때가 있다.

특히 홀로 사는 어르신들을 만나고 나올 때면 마음이 아프다. 외롭고 허전한 그 많은 시간을 어떻게 견디나 싶은 생각이 든다. 팬데믹으로 오랜 시간 보지 못한 사이에 거동이 더 불편해진 분도 있고, 치매 증상이 시작된 분도 있다.

팬데믹 상황에 전문가들은 새로운 목회 환경을 이야기한다. 기술은 끊임없이 진화하고 가상현실과 새로운 방식의 미디어와 교육 콘

텐츠가 계속 개발되고 있다. 그 지식을 다 섭렵해야 목회가 잘될 것 같고, 시대에 뒤떨어지지 않을 것 같다. 위기감도 든다. 요즘 청년들의 삶에 대하여 감을 잃은 듯하고, 초등학교 아이들이나 중고등학교 학생들의 삶의 방식이나 그들이 사용하는 단어가 생소하다.

세대마다 특성이 다르고, 어느 정도 기술도 숙지해야 하고, 신학 서적은 쏟아지고, 대면과 비대면을 동시에 활용해야 하는 목회 현장은 세상의 복잡함만큼 더 복잡해졌다. 필요하다면 끊임없이 배우고 공부하고 연구해야겠지만, 옛날 방식을 다 포기할 필요는 없다고 생각한다.

곡식은 농부의 발자국 소리를 듣고 자란다고 한다. 온라인도 필요하고 장점이 많지만, 비와 바람과 햇볕은 온라인이 대신할 수 없는 영역이다. 오랜 시간 만나지 못한 아이들을 위해 방문하여 선물과 소식을 전하는 교사의 발자국, 성도를 만나는 교역자들의 발걸음이 아름답다.

자주 만나지 못하는 사이에 아이들은 키가 컸고, 어르신들은 주름이 늘었고, 40대 중반의 아저씨가 된 나는 흰머리가 늘었다. 매번 만나지 못하기 때문에 한 번의 만남이 더욱 소중하고 그리워진 세상을 살고 있다.

복음이 새롭게 한다

올해 3월 '풍성한 삶으로의 초대' 과정에 복음을 전혀 접해 보지 못했던 분들과 이끄미가 일대일로 연결되었다. 그중 두 사람이 5~6주가 지난 최근에 예수님을 영접했다는 소식을 들었다. 목사가 아닌 성도를 통해 복음이 전파되었다는 사실 그 자체가 기쁘다.

사실 성도는 세상 한복판에서 살아간다. 주변에 하나님을 알지 못하거나, 교회에 상처가 있거나, 여러 장애물 때문에 복음에 다가서지 못하는 사람들이 많아도 너무 많다. 그들에게 복음을 전할 수 있는 기회는 목사보다 성도에게 더 많다.

쉬운 일은 아니다. 복잡한 인간관계, 과거 얽힌 문제, 스스로 해결되지 않은 연약한 모습 등이 전도를 주저하게 한다. 또 혹시라도 관계가 깨어질까 싶어 뒤로 미루는 경우도 많다. 그러다 용기를 내어 초대하면 미지근한 반응을 보일 때가 많고, 아예 관심을 두지 않기도 하며, 가끔 교회 관련된 '폭탄 뉴스'를 꺼내기도 한다. 그러면 더 위축된다.

점점 복음 전도가 어려워지는 시대를 지나오면서 확신이 들었던 것은 교회가 과감히 버려야 할 것을 내려놓아야 한다는 것이다. 이제는 복음의 본질을 나누기 위한 삶으로 교회 공동체의 모든 체계와 조직과 일정을 정비해야 한다는 것이다. 해 오던 관성 때문에 말처럼 쉬운 일이 아니었는데, 팬데믹을 통과하며 해결된 부분들도 많은 것 같다.

최근 복음을 받아들인 따르미들, 그리고 복음을 전한 이끄미들과 함께 교제하면서 여러 대화를 나누었다. 하나하나 값지고 빛나는 이야기들이었다. 예수님을 받아들이는 과정과 교회와 삶에 대한 통찰을 나누면서 깊은 감동을 받았다.

성경 지식이 전혀 없는 상황에서, 교회 문화가 익숙지 않은 상황에서, 설교가 어렵지는 않은지 물어봤다. 다행히도 전혀 어렵지 않으며, 오히려 귀에 쏙쏙 들어오고, 받아들이는 데 아무런 장애가 없었다고 한다. 과거 일부 위선적인 그리스도인들 때문에 교회에 대한 이미지가 좋지 않았던 것은 사실이지만, 막상 설교를 듣고 보니 상식적이며 신의 존재에 대하여 자연스럽게 받아들이게 되었다고 한다.

복음은 우리를 새롭게 한다. 하지만 여전히 낡은 습관, 복잡한 인간관계, 어려서부터 받아 온 상처와 아픔, 세상의 버거움에 짓눌려 복음의 능력으로 살지 못하는 이들이 많은 것을 본다. 성공과 번영신학에 물들어 있는 메시지가 복음의 영광을 가리워 마음이 무거울 때가 많았는데, 지금도 하나님 나라 복음이 전파되고 있다는 사실에 위로를 얻는다. 복음을 받아들인 이들을 보면서 교회는 다시 힘을 얻게 되고, 더 많은 이들과 나누고 싶은 마음도 간절해진다.

핑크박스

미혼모 가정에 보내는 '핑크박스'를 준비하고 포장하고 보내는 일은 이제 우리 교회의 즐거운 사역으로 자리 잡았다. 목사 위임식을 앞둔 2016년 가을, 미혼모를 돕기 위해 상황을 살폈지만 구체적인 그림이 보이지 않았는데 이제는 조금씩 사역이 확장되고 있다.

물가가 많이 올라 걱정도 되었지만 우리 성도들이 넉넉하게 헌금을 보내와서 교회 재정을 투입하지 않고도 백 가정을 섬길 수 있는 물품이 준비되었다. 박스 포장을 위해 교회에서 점심을 함께 먹었는데, 교회 밥이 맛있다는 이야기를 들었다.

봉사하는 분들의 손발이 이제는 척척 맞아서 처음에 2시간 걸리던 것이 점점 줄어든다. 지난번에는 1시간 조금 넘게 걸렸는데 이번에는 40분 만에 끝나게 되었다. 30여 명이 땀을 흘리면서 몸으로 봉사하는 기쁨을 누렸고, 완성된 박스는 주소지에 따라 각 가정으로 배달되었다.

미혼모를 섬기는 협회 두 곳에서 반응이 담긴 사진과 글을 보내주었다. 이번에는 아이들 사진이 많았다. 선물을 받아 들고 기뻐하는 모습이 마음에 들어온다. 어떤 엄마가, 또 어떤 아이가 쓴 글을 자세히 읽는데 감동이 밀려왔다. 영상을 보면서 어찌나 눈물이 나던지. 설탕이 뭐라고, 햇반이 뭐라고 그렇게들 기뻐하는지.

단순히 물건 때문이 아니라 서로의 마음이 연결된 것은 아닐까 생각해 본다. 우크라이나 전쟁으로 인해 물가가 계속 올라 아이들이 간식으로 먹는 과자 사기도 부담스럽고, 식재료 구입도 이제는 버거운 일이 되었다. 가격 폭등은 저소득층 가정에 이미 타격을 가했다. 전쟁이 끝난다 해도 회복하는 데 3년 이상 걸린다고 하니 그사이 얼마나 많은 이들이 절망 속에서 살아가야 하는지 가슴이 답답하다.

지난 토요일 밤에는 혼자 사는 성도님이 전화해서 많이 외롭다고 말했다. 전화를 받은 바로 다음 날 주일 오후 여러 반찬을 준비하고, 갈비탕을 사서 심방을 가 이런저런 대화를 나누었다. 당뇨 때문에 근육이 많이 빠진 상황이었다. 스트레스가 있다고 해서 '지금 직장 생활을 하지 않고 혼자 사는데 무슨 스트레스일까' 싶었는데 혼자 있는 두려움 그 자체가 스트레스라고 했다. 말벗도 없고, 밖에도 잘 나가지 못하는 상황이고, 물가는 많이 올라서 식재료 사기도 두렵다는 이야기를 했다.

안타까운 마음에 교회가 할 수 있는 일이 무엇인가를 교역자들과 논의 중이다. 높아지는 아파트 건물 사이로 그늘진 곳이 늘어만 간다.

초롱초롱한 눈동자

이맘때가 되면 성경학교 추억이 새록새록 올라온다. 무덥거나 습하거나 아니면 둘 다이거나, 항상 날씨는 그랬다. 하지만 게임과 아이스크림과 수박이 있었다. 주제가 적힌 티셔츠를 맞춰서 입고, 물놀이를 하고, 신나는 찬양과 율동, 성경 퀴즈와 수많은 상품도 있었다.

흰색 전지를 묶어 놓고 뒤로 넘기는 '괘도'는 이제 골동품이 되었다. 글씨를 잘 쓰는 교사가 찬양 가사를 매직으로 적었다. 지금은 PPT 자막으로 순간이동을 하지만, 예전에는 노래 하나 찾으려면 시간이 조금 걸렸다. 어느 때에는 한 장 한 장 넘기면서 아이들에게 하고 싶은 찬양을 물어보기도 했다. 전지를 넘기느라 침을 묻힌 자리는 두껍게 부풀어 올랐다.

고등학교 때부터 보조 교사로 활동했는데 교사 강습회 기간은 보통 장마철이었다. 숨이 턱 막혔지만, 전국에서 모인 교사들의 열의는 대단했다. 비좁은 공간에서 주제를 따라 강의하는 목사님의 말씀을 경청하고, 새로운 찬양과 율동을 배우고, 공과를 익혔다.

전도사 때는 성경학교나 수련회 준비가 한 해 농사의 가장 중요한 부분을 차지했다. 거의 두 달 전부터 기도회와 강습회를 가지고 준비하며 아이들이 많이 참여하도록 갖은 수를 다 썼다. 행사가 끝나고 나면 거의 그로기 상태로 휴가를 가거나 새로운 9월을 맞이했던 기억이 이제는 아득하다.

지난 토요일 외국인 미혼모를 섬기는 행사를 가졌다. 직접 맡은 일은 없지만 여러모로 신경을 쓰느라 분주하게 왔다 갔다 했더니 진이 다 빠졌다. 마치 성경학교를 하루 종일 진행하면서 다리에 힘이 풀린 것과 같은 느낌이었다. 말도 잘 통하지 않는 아이들이 울거나 보채거나 여기저기 돌아다니는 모습을 보면서, 그 사이에서 갓난아이들을 돌보고 통역하고 함께 고생하고 음식을 준비하고 여러 잡무를 맡아서 봉사하는 성도를 보면서, 그 옛날 맨발로 예배당을 휘젓고 다니던 아이들과 그 사이에서 땀 흘리며 고군분투하던 교사들의 모습이 떠올랐다.

시대가 바뀌어 그런지, 환경을 따라 마음이 변해서 그런지, 그 옛날 성경학교 감성이 멀게만 느껴진다. 이제 점점 교회당에서 아이들 보기는 힘들어졌고 여름 행사는 단순해졌다. 과잉보호 속에 아이들의 자아가 강해지면서 불편한 것은 못 참고 힘든 것은 하지 않으려 한다.

지금도 저 캄보디아에, 저 아프리카에, 저 인도에, 가난하고 배고픈 아이들이 수백 명씩 모여 옥수수 하나에 세상을 얻은 듯 즐거워하고, 신나게 찬양을 부르고, 오랜 시간 성경을 배우느라 초롱초롱한 모습을 사진으로 보곤 한다. 그런 눈동자를 여기서도 보고 싶다. 나에게서도, 우리에게서도.

🌿 쌀 배달

성도들이 모아 온 소중한 쌀을 필요한 곳으로 보내는 일에 나도 자원했다. 주소지를 확인하고, 쌀 수량을 파악하고, 지하 주차장으로 옮겨 놓고, 시간이 날 때마다 움직였다. 쌀을 배달해야 하는 가정은 주차가 불편한 곳이 많다. 최대한 가까이 세워 놓고 쌀을 어깨에 멘 채 나르다 보면 택배 아저씨의 수고에 절로 감사한 마음이 든다. 쌀보다 나를 더 반가워하는 분들을 볼 때 나도 모르게 자긍심이 생기고, 목사 하길 잘했다는 생각도 든다.

김두호 집사님 가정은 성성미 목사님과 동행했다. 가족이 다 힘들고 아픈 상황이라, 여든이 넘은 김 집사님이 집안일을 도맡아 한다. 대야미역 근처로 지난 5월 새로 이사한 후 작은 화분을 키웠는데 이제 제법 자랐다. 집에 갔더니 집사님은 가만히 있지를 못하고 주방으로 가서 달달한 감과 밤을 대접해 주었다.

대화를 나누는 중에 집사님이 혼자 방에 들어가더니 봉투에 만 원짜리 몇 장을 넣어 왔다. "내가 임 목사 주는 거야. 안 받으면 안 돼. 가서 사모님하고 아이들하고 성 목사님하고 함께 꼭 밥 사 먹어. 저녁도 좋고, 점심도 좋다." 김 집사님과는 실랑이하기 어렵다. 마음이 무겁지만 좋아하는 모습을 보면서 받아 넣었다. 집사님에게 "맛있는 거 잘 사 먹겠습니다. 성 목사님 빼고요"라고 이야기하니 피식 웃는다.

오랜만에 교제를 마치고 나오는데 집사님이 추운 날씨에 티셔츠 차림으로 주차장까지 따라 나왔다. 얼른 들어가라 해도 뭔가 아쉬운지, 힘들고 속상한 일들을 내리 이야기한다. 아들 정기 형제가 아버지 고생하는 것 때문에 집에서는 밥을 절대 먹지 않는다고 한다. 아버지는 앞이 보이지 않는 아들을 위해 뭔가 하려고 하는데, 아들은 아버지 생각해서 모든 일을 혼자 하려고 하니 아버지 눈에 고집으로 보인다.

이야기를 다 마친 후 "나, 임 목사 때문에 산다. 나 같은 것도 찾아와 주니 내가 힘을 더 낼게"라는 말을 듣고 눈물이 핑 돌았다. "집사님, 다음에 매운탕 같이 드셔요." "바쁜데 뭘. 괜찮다." "연락드리겠습니다." "임 목사 계산하면 나 안 먹는다. 내가 계산해야 먹는다."

돌아오는 길 겨울 석양은 어느새 모습을 감추고 어둠이 내려앉았다. 꾸깃꾸깃 봉투 안에 담겨진 사랑을 본다. 가난도, 병도, 외로움도 때로는 숭고하다. 쌀을 배달하면서 오히려 위로와 격려를 받는다. 추운 겨울이지만 맑은 날씨 사이로 시원한 바람이 웅크린 가슴을 펴게 만든다. 차가운 공기는 정신을 새롭게 한다.

더불어 숲을 이루다

하나님 나라 복음으로 교회를 세우는 하나복(하나님 나라 복음) 네트워크에서 여러 번 '키맨' 제안을 받았다. 그동안 학교 공부와 교회 건축을 이유로 두 번을 정중하게 거절했다. 성격상 어떤 모임의 리더 맡는 것이 부담스러웠고, 또 내 교회 돌보는 일만으로도 벅찬 상황이라 최대한 미룬 것이다. 작년 말에 세 번째 제안을 받았는데 이번에도 거절하는 것은 너무 이기적인 것 같아 순종하는 마음으로 결정했다.

하나님 나라 복음으로 동역 회원이 된 목사님들이 전국에 많이 있는데, 지역별로 네트워크가 형성되어 한 달에 한 번씩 모여 서로를 격려한다. 나는 신림동에 있는 서울 남부 네트워크에 속하여 교제해 왔는데, 이제는 새로 합류한 동역 회원들을 섬기는 키맨이 되었다.

교회로 말하자면 목장원으로 있다가 목자가 된 것이다. 한 분은 수원에서, 네 분은 동탄에서 사역하는 분들이고 모두 개척으로 사역을 시작했다. 아직 충분한 대화를 나누지 못했지만 어려운 시대에 얼마나 힘들까 걱정이 앞선다. 전혀 일면식이 없고, 나와는 목회 상황이 다르기 때문에 조심스럽다. 새로운 부담으로 다가온다. 목자를 맡아 목장 식구를 돌보는 성도의 심정이 이런 것일까 하는 생각도 들었다.

안양에 와서 목회한 지 어느덧 10년이라는 시간이 지났다. 그동안 거의 외부 활동을 하지 않고, 목사님들과의 교제도 최소한으로만 가졌다. 돌아보니 무조건 혼자서 자기 일만 열심히 하는 것이 좋은 것은 아니다. 다른 영역에서 목회하는 이들과 대화를 나누고, 목회의 상황을 공유하며 새로운 것을 수용하면서 신선한 공기를 마시는 것도 중요하다.

그동안 마음의 여유가 없었고, 지금도 여전히 시간을 쪼개서 사역의 시간과 개인 성장의 시간을 조율하는 상황이지만 조금 더 넓은 흐름 안에서 목양을 배우는 시간이 되었으면 하는 바람이다.

인간과 삶을 이해하고, 시대와 상황과 다양한 생각을 관찰하고 공유하면서 목회의 활력을 불어넣고, 넓이와 깊이를 동시에 추구하고, 홀로 서는 나무가 되기보다는 연대하고 상생하며 더불어 숲을 이루어 가는 삶이 될 수 있을까. 조심스러운 마음으로 출발.

어떻게 전하는가

'전도와 회심' 공개강좌를 들으면서 욕심이 생겼다. 나뿐만 아니라 교회의 모든 교역자와 이끄미가 들었으면 하는 마음이 들었다. 단순한 전도의 방법론이 아니라 한 사람이 회심하도록 복음을 전하고 섬기는 일은 가장 중요하며 복된 일이라 생각한다.

이끄미들과 토요일과 주일에 함께 모여 총 일곱 번의 강의를 들었다. 토요일은 거의 종일, 주일에는 오후 시간을 활용했다. 목회자를 대상으로 강의한 내용이라 조금 어려운 점도 있다는 생각이 들었으나 아주 중요한 깨달음을 얻었다는 분들을 보면서 나도 기쁜 마음을 가졌다.

나 역시 많은 깨달음이 있었지만 가장 염두에 두는 대목은 '찾는 이'와 동일한 선상에서 삶을 바라보고 그 길을 함께 가야 한다는 것이었다. 나는 목사라서 그런지 상대방을 찾는이로 규정하면 늘 가르치려 들고, 따라오라는 무언의 압력을 내뿜곤 했다. 그동안 목사의 아들로, 목사로 살아온 날이 많다 보니 비신자를 만날 기회도, 그들과 충분한 대화를 나눌 시간도 거의 없었다.

　작년 이맘때부터 예수님을 전혀 알지 못하거나 오랜 시간 교회를 떠나 있던 분들이 등록했는데, 일대일로 '풍성한 삶으로의 초대' 과정을 이수하도록 권면했다. 공교롭게도 이번에 세례받는 분들은 목회자가 아닌 성도를 통해 복음을 접하게 되었고 예수님을 영접하기로 결심했다.

　나는 그분들을 따로 만나 복음을 다시 한 번 설명하고, 세례의 의미가 무엇인지 알려 주었다. 그리고 하나님을 만나기 이전의 삶, 복음을 만나게 된 계기, 앞으로의 결심과 변화된 삶에 대하여 간증문을 쓰도록 권면했는데, 그 글을 읽어 가면서 하나님을 알아 가는 신비로움을 다시 발견했다.

　그분들이 앞으로 걸어갈 여정을 공동체가 함께 축복하고, 함께 성찬의 기쁨을 누리는 것에 대한 기대감으로 주일예배를 준비한다. 이제는 죄와 근심을 하나님께 맡기고, 불안을 내려놓고, 한 몸이 된 공동체 안에서 함께 이 길을 걸어가는 것의 귀함을 예배에 참여하는 분들이 다 깨달았으면 좋겠다.

　앞으로의 목회 여정에서 전도와 회심 사역이 얼마나 중요한가를 마음에 새기며 이 시기를 지나고 있다. 이 일을 위해 세상 사람들과 만나는 접촉점을 어떻게 늘려 가야 할지 늘 고민이 되었는데, 최근 재미있는 현상 하나를 발견했다. 아내와 함께 강아지를 데리고 산책을 나가니 동네 사람들과 자연스럽게 대화의 물꼬가 터졌다는 것이다.

　생각해 보면 전도는 기술이나 전략 이전에 '삶 그 자체'이다. 평정심을 잃어버리기 쉬운 세상에서, 본질과 사명에 천착할 수 있다면 그

것이 신앙이요 내공이다.

세례식

나도 처음이다. 세례식을 진행하는데 예전과는 다른 분위기를 감지했다. 세례식 이후 몇몇 분들이 감동을 많이 받았다며 세례를 다시 받고 싶다는 이야기까지 했다.

이번에 세례를 받은 분들은 예수님을 처음 알게 된 이들이다. 이미 성도들과 일대일로 연결되어 '풍성한 삶으로의 초대'와 '풍성한 삶의 첫걸음'을 이수했는데, 세례식을 앞두고 따로 시간을 내어 하나님 나라 복음을 전하며 삶의 여정을 나누었다. 또한 하나님을 믿기 이전의 삶과 하나님을 만나게 된 접촉점, 그리고 예수님을 영접한 이후 어떤 변화가 일어났고, 무엇을 결단했는지에 대하여 간증문을 쓰도록 했고 그것을 읽으면서 다시 점검하는 시간을 가졌다.

나는 모태 신앙이고 한 번도 교회와 하나님을 떠난 적이 없다. 신앙과 예배가 자연스러웠고, 믿음이 선물처럼 주어졌기에 중간에 회심한 이들의 삶을 공감하기가 어려웠다. 하지만 삶의 고백이 담긴 간증문을 읽으며 그들의 삶의 정황을 헤아리게 되었는데 이 부분이 큰 도움이 되었다.

기독교에 별 관심이 없거나 부정적이던 사람이 설렁설렁 교회를 다니다 실제로 복음을 직면하게 된 계기는 '풍성한 삶으로의 초대' 과정 때문이었다. '깨어진 세상의 현주소와 그렇게 세상을 망가뜨린 자기중심성이라는 죄와 죄에 대한 해결책이 무엇인가?' 이 복음의 내용을 듣고 어떤 반응을 보일 것인가를 진지하게 고민하게 된 것이다.

복음은 우리를 몇 가지 갈림길로 안내한다. 받아들이거나 거부하거나 아니면 시간이 조금 더 필요한 경우도 있다. 만약 받아들인다면 예수님은 우리 인생의 옵션이 아니라 주인이 되어야 함을 강조했다. '예수님을 받아들이고 싶은데, 정말 그 길을 갈 수 있을까.' 가려고 방향은 정했지만 출발선에서 신발 끈을 묶으면서 한 번 더 고민하는 이도 있었다. 그 시간을 달라고 하면서 혹시 무례한 것은 아닌지 물어 왔는데 오히려 정직한 것이라 설명해 주었다.

세례식 당일, 이들에게 복음을 전해 준 이끄미와 목장 식구와 가족이 정성스러운 선물을 준비하여 나누어 주었다. 하나님의 가족이 된 이들을 축하하며 감격의 눈물을 보인 분들도 있었다. 세례의 의미가 삶의 흔적으로 남는 시간을 함께 기뻐했다. 이웃과 진실한 관계를 맺고, 소망에 관한 이유를 묻는 자들과 대화를 나누고, 그리스도에게로 인도하는 복음 전도의 삶이 우리 삶에, 목회 여정에 가장 소중한 일임을 확인했다.

그 열정 그 수고

가끔 생각이 난다. 몇 년 전 중국 심양의 한 아파트에서 신학생들에게 구원론을 가르쳤다. 공안의 감시가 심한 터라 한국인 교장 선생님이 운영하는 신학교는 어느 한 장소에 오래 터를 잡지 못하고 게릴

라식으로 매 학기 장소를 변경했다. 나도 5일 동안 밖을 나가지 못했고, 출국하는 날 며칠 만에 하늘을 다시 보았다.

50평 정도 되는 큰 아파트를 월세로 임대하여 식사 도우미를 모집하고, 중국 각지에서 오는 신학생들을 섬기기 위해 매월 5백만 원 이상의 비용이 지출되고 있었다. 중국의 그리스도인은 정확하지 않지만 대략 1억 명이 넘는 것으로 추산된다. 그동안 많은 선교사가 추방을 당했고, 아예 교회 출입을 하지 못하도록 정부가 막았지만 그리스도인은 계속 증가하고 있다.

제대로 성경 교육을 받을 수 없고, 이단도 많기 때문에 중국인 목회자가 잘 세워지는 것이 중요하다. 이윤진 선교사님은 이 사실을 알고 거의 평생을 중국 선교에 헌신했다. 이제는 나이가 많이 들었고, 시력도 거의 상실했으며, 큰 수술을 여러 번 받아 몸이 성치 않지만 오랜 세월 귀한 사명을 감당해 왔다.

인천공항 라운지 룸에서 선교사님을 처음 보았다. 간단한 인사를 나누고 여러 대화를 나누었는데, 저 몸으로 어떻게 선교를 감당할까 하는 생각이 들었다. 큰 가방에 짐이 아주 많이 들어 있었고 신학생들 줄 반찬과 선물로 가득했다.

선교회 관계된 분을 통해 선교사님이 유력 정치인이었던 사람의 동생이라는 사실을 알게 되었다. 칼칼한 목소리가 거의 오빠와 비슷했다. 정치적으로 민감한 내용이 있어 먼저 이야기를 꺼낸 적은 없는데, 선교사님은 간혹 가족 이야기를 해 주었다. 정치와는 전혀 상관없는 길을 걸어오면서도 권력의 무상함을 이미 알고 있는 것 같았다.

중국에 다녀온 이후에도 선교사님과 가끔 통화했다. 은평 뉴타운에서 살았는데 통화할 때마다 집으로 놀러 오라고 했고, 나는 교회로 초청하겠다고 했다. 중국에서 국가적인 통제가 극심해졌을 때는 "애들 불쌍해서 어쩌나"라며 중국 신학생들 걱정을 많이 했다.

그 음성이 아직 생생한데 작년에 부고 소식을 접했다. 누군가가 반찬을 숟가락에 올려 주어야 식사를 할 수 있을 정도로 불편한 몸이었지만 끝까지 중국 땅을 위해 선교를 감당했던 그 열정은 감동으로 남아 있다. 지금도 가끔 선교사님 생각이 난다. 그 수고가 마침내 열매로 맺혀지기를 기대한다.

안식일은 저항이다

향산교회에서 사역할 때 담당했던 자매가 곧 신랑이 될 형제와 함께 찾아왔다. 20대 초반부터 토지 정의에 관심이 많았고, 지금도 대규모 재개발이 아닌 마을 가꾸기나 도시 계획하는 일을 하고 있다. 내가 안양으로 목회지를 옮긴 이후에도 종종 나를 만나러 왔다. 헨리 조지의 《진보와 빈곤》이라는 책을 선물로 주었던 것이 기억난다. 신앙과 삶에 대하여 많은 대화를 나누었는데 정치와 삶과 신앙의 노선이 분명했고 통하는 부분도 많았다.

밥을 먹고 나오며 자연스럽게 학원가 이야기가 나왔다. 그 자매가 다니는 교회 목사님도 학생들이 주일에 학원 가는 것 때문에 고민이 많다는 이야기를 들었다. 서울이나 안양이나 불안 심리는 발목을 잡는다. 공부가 미래와 열정의 발로가 아니라면 이것은 병이다.

목회의 영역에서도 때로는 불안 심리가 작동한다. 과도한 죄책감이 목회자들에게 많다. 누가 아프거나 대학에 떨어졌거나 좋지 않은 일을 만날 때, 내 잘못인 것 같고 기도를 더 하지 못해서 그런 것 아닌가 하는 생각에 찜찜하다.

《안식일은 저항이다》 책을 다시 집어 들었다. 월터 브루그만의 책은 통렬하고 시원하다. 애굽에서의 구원은 무한 생산 시스템에서의 구원이다. 생산 고역에서의 탈출이며 피로한 시스템 속에서 해방되는 것이다. 무한 경쟁이 작동하는 애굽에서 구원하여 율법이 선포된 시내산으로 안내한다. "하나님을 사랑하라"라는 첫째 계명과 안식일을 연결시킨다. 만족이 없는 시장 이데올로기의 허점을 파헤친다. 비열한 욕망을 통해 일어나는 과잉 생산과 토지 남용을 드러낸다.

벽돌 수량을 채우지 못할까 전전긍긍하는 히브리 노예들은 학원가에도 있고, 현대인의 고단한 일상에도 존재한다. 진실한 관계 형성이 아닌 위협자요 경쟁 상대만 남아 분노와 살인, 갑질과 협박이 일상화된다. 우리에게 정말 이웃이 있는가. 안식일을 잘 지키면 이익을 얻기 위해, 자신을 증명하기 위해 살지 않아도 된다.

브루그만은 4계명과 나머지 계명을 연결한다. '안식일을 잘 지키면' 부모를 천대하지 않아도 되고, 다른 사람을 죽이지 않아도 되고, 간음과 도둑질과 거짓말을 하지 않아도 되고, 이웃의 아파트와 자동차와 소유물을 탐내지 않아도 된다. 안식일을 중심으로 1~3계명을 엮어 내고, 5~10계명을 이어 가는 탁월한 통찰을 보여 준다.

안식일에는 더 일하지 않아도 되고, 더 팔지 않아도 되고, 더 알지 않아도 된다. 아이들에게 발레나 축구를 시키지 않아도 되고, 더 점수를 올리지 않아도 된다. 더 젊어지거나 아름다워지지 않아도 된다. 하나님이 심판하시고 무너뜨린 애굽의 시스템으로 다시 돌아갈 필요가 없다. 모두가 평등하게 쉬는 날이다.

다니엘의 샘

계원예대에서 모락산 자락을 따라 고개 넘어가는 길을 좋아한다. 비가 와도 좋고, 눈이 와도 좋다. 벚꽃이 날려도, 낙엽이 떨어져도 장관을 이루는 길. 주로 백운호수 가는 길에 지나는 코스인데 그 길이가 짧지만 꽤 운치가 있다. 언젠가 그 길이 너무 좋아 모락산을 등반하면서 천천히 둘러보기도 했다.

어느 날 이 근처에 '다니엘의 샘'이 있다는 이야기를 들었다. 그 말을 듣고 무슨 소리인가 싶어 처음엔 어리둥절했는데, 알고 보니 류호준 교수님의 연구실을 가리키는 것이었다. 의왕 어딘가에 있다는 소식만 들었는데, 실제로 찾아가 보니 자주 지나던 길 근처에 자리 잡고 있었다.

신학대학원 동기 목사들과 오랜만에 교수님을 찾아뵈었다. 정확하게 22년 전, 신학대학원에 들어가서 교수님 수업을 들을 때에는 긴장의 연속이었다. 학교에 들어가기 전부터 여기저기서 세계적인 석학이며 유명한 분이라는 말을 들어 기대감도 가지고 있었지만, 특히 인상이 매섭고 굉장히 냉철해 보였다.

수업 준비가 제대로 되어 있지 않은 학생이 질문을 던지면 그냥 무시하고 진도를 나가실 정도였다. 그 도도함과 날카로움 속에는 말씀이라는 비장의 무기가 서려 있었다. 시편을 히브리어로 읽으며 해석하고, 원어에서 끌어올린 더 깊은 의미를 풀어 주실 때는 온몸에 말씀이 새겨지는 만족감을 느꼈던 것을 아직도 기억한다. 하나님을 옆에서 만나고 나온 사람처럼, 당시의 수업이 목회의 피가 되고 살이 되었다.

목회 시작하고 난 뒤에 여러 번 강사로 초청해 교제를 나누었다. 때마다 교수님이 해 주신 말씀들이 목회의 큰 자양분이 되었다. 이제는 70대가 되어 마음씨 좋은 할아버지처럼 제자들을 반겨 맞아 주신다. 65세로 은퇴한 후에도 왕성하게 설교와 강연, 집필을 이어 가며 더 많은 지혜와 고언을 주신다. 시와 음악, 삶과 신학, 그리고 일상을 담담하게 풀어 주시는데 책에서 느낄 수 없는 살아 움직이는 언어가 교수님의 삶을 통과하여 전해질 때, 감동으로 남는다.

모두 함께 보던 날, 석목이 형은 강의실 추억을 꺼내며 교수님 흉내를 내었는데 모두가 박장대소했다. 시간이 꽤 지났지만 가르침과 우정이 풍성한 만남을 이어 간다. 교수님은 목회 일선에서 20년 이상 우정이 계속되는 것에 대해 흐뭇해하셨다. 대화를 나누며 교수님과 산책 코스를 돌았다. 조금만 오르면 백운호수와 롯데몰이 정면으로 보인다. 산길을 천천히 걸으며 식물에 대한 정보와 정원 가꾸는 이야기를 하고 사진도 찍었다.

우리 교회 가까운 곳에 말씀이 마르지 않는 다니엘의 샘이 있다. 세수하러 왔다가 물만 먹고 가도 좋을 것 같다. 성도들과도 가끔은 방문해서 차를 마시는 상상을 해 본다.

평촌역에 가는 이유

오랜 시간 단골이었다. 신혼 때 살았던 아파트 상가에 있는 미용실인데, 걸어서 30분 이상 걸려도 꼭 그곳을 이용한다. 부부가 함께 일을 하는 미용실로 두 분 다 손님을 따뜻하고 정중하게 대한다. 손님들과 대화를 나누는 장면을 보면 그냥 공동체다.

남녀노소 연령층이 다양한데 손님들과 나누는 대화에 삶이 녹아 있다. 한두 번 오는 뜨내기 손님이 아니라 오랜 시간 단골들이다. 어떤 분은 기다리는 동안 속마음을 나누기도 하고, 어떤 분은 자신의 일상을 스스럼없이 나누기도 한다.

내가 목사인 것을 알기에 가끔 기독교 추문이나 이단과 관련해서 질문하거나, 굵직한 기독교계 사건이 터질 때마다 나의 입장을 궁금해한다. 질문을 받다 보면 곤혹스럽기도 하다. 가위 들고 있는 주인 앞에서 고개 숙인 죄인이 된다. 최대한 객관적으로 기독교를 옹호하기도, 변호하기도 하지만 마음은 무겁다.

가끔은 철학적인 질문이나 성경의 내용에 대한 질문이 나오기도 한다. 믿음이 없는 분들이기 때문에 대답이 쉽지는 않지만, 대답하다 보면 내가 알고 있는 진리를 처음부터 다시 생각하는 계기가 되기도 한다.

전에 《목동이 만난 사람들》 책을 드렸더니 정과 따뜻함이 가슴에 남았다며 너무 재미있게 읽었다고 한다. 여러 손님에게 이 책을 권하고, 특히 교회를 찾는 분들에게 소개하여 돌려 읽었다고 한다. 마침 미국에서 오래 살다 한국에서 정착하려는 어르신 부부가 앉아 있었는데, 교회를 찾고 있다면서 나를 소개해 주었다.

　주인 부부는 나의 '찾는이'다. 오랜 시간 미용실을 바꾸지 않은 이유, 멀지만 평촌역 근처까지 가는 이유는 두 분이 예수님을 알고 하나님 나라에 들어갔으면 하는 소망이 있기 때문이다. 믿지 않는 두 사람이 회심하면, 그 주변으로 회심을 기다리는 분들이 굉장히 많다. 그래서 갈 때마다 기도하고 머리 깎는 시간에도 기도한다.

　평범한 이웃도 좋지만 누군가에게 분기점이 되었으면 좋겠다. 한 달에 한 번 잠시 다녀가는 손님이 아니라 서로 진실한 질문을 던지고, 영원한 삶을 응원할 수 있는 관계가 되었으면 좋겠다. 복음 전하는 일은 가장 가슴이 뛰는 일이다.

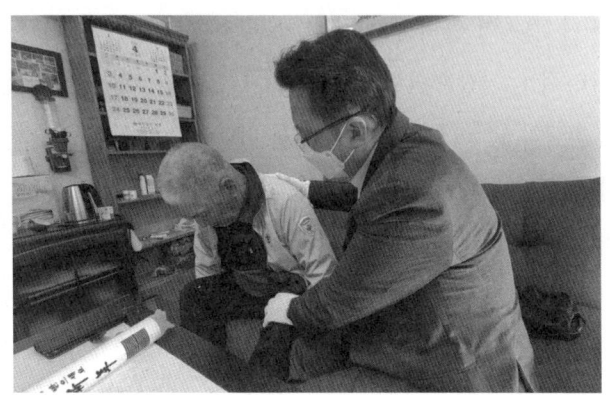

심방 기도

인도선교 병원설립 협약식

지금 무엇을 소망할까.
새 예배당 완공을 기다리며 어떻게 나아가야 할까 기도했다.
우는 자들과 함께 울어 줄 수 있기를,
깊은 어둠 속에서도 주께서 자비를 더하시기를 간구했다.

이주민 역량강화 프로그램

EMC 정기 모임 포스터

PART 5 소통

예배자로 부르신 삶

아버지께 참되게 예배하는 자들은 영과 진리로 예배할
때가 오나니 곧 이때라 아버지께서는 자기에게 이렇게
예배하는 자들을 찾으시느니라 하나님은 영이시니
예배하는 자가 영과 진리로 예배할지니라
요한복음 4:23~24

한 사람을 세우는 기쁨

초등학교 때 아이들이 운동장에 모이면 선생님은 한 사람을 지목하여 기준을 정해 주었다. 그러면 몇 초 만에 기준에 따라 대열이 정돈된다. 당시에는 한 반에 50명이 넘었고, 반이 열 개가 넘었다. 순식간에 5백 명 이상 되는 아이들이 기준에 따라 모였다가 흩어지는 모습이 아직도 생생하다.

목회에서도 기준을 정하는 것은 가장 중요한 일이다. 기준이 흔들리면 판이 흔들리고, 전체가 요동할 수 있다. 교회의 기준은 당연히 복음이어야 하지만, 복음을 해석하는 방식도 복음이라고 생각하는 내용도 서로 다를 수 있다는 것이 문제다.

'하나님 나라 복음으로 교회 세우기 본부'에서 우리 교회 이야기를 영상으로 담고 싶다는 제안을 했다. 나는 난색을 표하며 아직 우리 교회가 초기 단계이고, 열심히 달려왔지만 열매를 나눌 정도는 아니라며 정중하게 거절했다. 하지만 담당 목사님의 권유와 설득으로 끝내 승낙했다. 부담스러웠지만 그동안 해 온 것을 정리하는 것이 교회에도 도움이 될 것 같았다.

전통적인 방식으로 목회할 수도 있지만 내가 배운 신학과 복음의 내용 그리고 지금 우리 시대의 상황을 접목해 보면, 힘들어도 한 사람씩 세우는 과정이 필요하다는 생각을 포기할 수 없다. 힘든 일도 있었지만 하나님 나라 복음이라는 분명한 기준을 따라 걸어왔다.

나와 함께 2년 가까이 '풍성한 삶으로의 초대'부터 '풍성한 삶의 첫걸음', 그리고 제자 훈련까지 마친 자매가 최근 자신의 목장에 속한 자매와 '풍삶초' 과정으로 복음을 나누었다고 하면서 마무리를 요청하는 문자를 보내왔다.

"목사님, 안녕하세요? 풍삶초 6강까지 마쳤습니다. 나머지 7강은 목사님과 다음 주 같이 나누고 싶은데 시간이 언제 가능하실까요?"

카톡을 보는데 순간 웃음이 나왔다. 칸이 절묘하게 바뀌어 "음주 같이 나누고 싶은데 시간이 언제 가능하실까요?"라는 문장이 눈에 들어왔다. 우리 교회는 새로운 음주 문화가 정착되고 있다. 하나님 나라의 포도주, 그 깊은 맛과 향에 매료되고 성장과 변화가 조금씩이라도 일어난다.

목회하면서 누리는 가장 큰 기쁨은 복음이 전파되는 것이고, 성도들이 진리를 깨닫고 변화되는 것이다. 복음이 여전히 전파되고 있으며, 하나님이 일하신다는 사실을 기억할 때 힘이 솟는다.

매일성경

'가슴이 턱 막힌다.' 전임 전도사로 사역을 처음 시작한 곳이 안양인데, 주말에 평촌이 어떤 곳인가 둘러보다 지금의 학원가를 지나면서 느낀 감정이다. 당시 고등부 학생들을 맡았는데 어떻게 목회를 해야 할지 막막했다. 대부분 10시까지는 학원에 있는 경우가 많았고, 그 이후에는 독서실로 가기 때문에 주중에 만나는 것이 거의 힘들었다.

갑자기 큐티가 떠올랐다. 사실 나는 큐티를 해 보지 않았다. 다독의 욕심 때문에 일정 본문을 깊이 묵상하는 것에 그리 매력을 느끼지 못했다. 하지만 고등부 목회를 위해서는 큐티 도입이 필요하다고 생각했다. 요리를 다 해서 떠먹여 주는 방법도 있지만, 스스로 물고기를 건져 올리는 법을 알려 주고 싶었다. 스스로 큐티를 한다면 주중에도 하나님을 알아 갈 수 있지 않을까 하는 기대감으로 기독교 서점에 가서 당시 모든 큐티 책을 살펴봤다. 그중 여러 면을 고려해 《매일성경》을 선택했다.

그 후 큐티 세미나, 큐티 수련회 등 목회 일정을 거의 큐티로 도배했다. 많이 강조했고, 나도 열심히 했다. 간식거리를 사 들고 점심시간에 학교를 찾아가 큐티를 점검하기도 했다. 속초에서 2박 3일 겨울 수련회를 진행할 때는 거의 모든 일정을 큐티와 모둠 발표로 채웠다. 그러면서 당시 성서유니온 원주지부 총무를 맡고 있던 민만식 목사님을 통해 많은 도움을 받았다.

민 목사님을 이번 부흥사경회의 강사로 초청했다. 금요일 저녁 식사를 대접한 후 다시 교회당으로 돌아오는 길에 학원을 지나는데 문득 그때 생각이 났다. 당시 막막하고 가슴이 턱 막혔던 그 심정, 생각을 연결해 보니 그때부터 《매일성경》으로 목회를 했던 것은 학원가 때문이었다. 목사님과 대화를 나누는 중에 "학원가에 고마운 마음을 가져야겠네요"라면서 웃었다.

몇 년 전부터는 주일 설교 본문을 《매일성경》의 순서를 따라 진행한다. 6년에 한 번 성경 전체를 돌아볼 수 있기 때문이다. 어느 한 곳에 편중되지 않고, 본문의 결을 따라 성도들이 성경을 스스로 읽고 묵상하는 데 가장 주안점을 둔다.

여섯 살이나 많은 형님이지만 늘 나에게 존대하면서 겸손하게 허리를 굽히는 민 목사님은 예나 지금이나 말과 글과 삶이 일치되는 삶을 살아 내고 있다. 선배 목사님과의 짧은 만남을 통해 내 목회 여정을 돌아보았다. 거친 상황에서도 순수한 숨결을 잃어버리지 않았으면 좋겠다는 짧은 기도 제목이 스쳐 지나간다.

세상을 바라볼 수 있어야

처제는 공주 수촌교회 사모다. 가끔 처제를 통해 목회의 지혜를 배운다. 목사에게 가장 위험한 신호는 설교할 때 자신에게 적용하지 않고 다른 사람을 향하는 것이라는 말을 들었다. 당연한 말인데 자주 놓치는 부분이다.

목사에게 설교는 큰 복이다. 설교할 본문을 묵상하면서 전후좌우 맥락을 살피고 원뜻이 무엇인지 확인하는 기회를 '먼저' 얻기 때문이다. 가끔 설교 원고를 다 작성한 이후에도 스스로 납득이 되지 않으면 접고 다시 쓰는 경우가 있다. 설교 준비를 통해 나를 살피며 때로는 훈계와 권면과 위로와 소망을 얻기도 한다. 말씀 사건이 먼저 설교자 자신에게 일어나는 것이다.

동시에 설교는 큰 부담이다. 모든 설교자가 그렇겠지만 금요일부터 신경이 곤두선다. 설교를 묵상하는 시간, 설교를 준비하고 작성하는 시간, 그리고 강단에서 설교하는 시간까지 긴장의 연속이다. 설교가 끝나기 전에 안심하는 경우는 거의 없다.

설교 단상에 오르기 전까지도 보이지 않는 영적 전쟁을 치른다.

말씀을 맡은 자로서의 압도적 무게감은 늘 감수해야 할 영역이다. 요나처럼 건성으로 던지고 돌아설 수 없고, 듣는 이들이 생각하고 깨우치며 성장하기를 바라는 마음이 크기 때문에 더 큰 부담으로 다가오는 것이 아닌가 싶다.

내 사상과 뜻을 관철하기 위해, 성경을 뒤적거리거나 필요한 부분만 골라서 끌어오는 행위는 영적 창기와 같은 행동이다. 혹여나 다른 사람을 심판하기 위한 목적으로 설교를 한다면 그것이 설교자에게 가장 위험한 징후다.

말씀을 듣는 입장에서도 먼저 자신에게 적용하는 내용이 중요하다. 설교를 통해 오늘 나에게 주시는 하나님의 뜻과 교훈이 무엇인가를 면밀하게 살피고, 성령께서 깨닫게 하시는 영역에서 나 자신을 들여다보며 교회와 세상을 바라볼 수 있어야 바른 설교 듣기라 생각한다. 여기에 중점을 두지 않으면 내 판단이 먼저 앞서고, 결국 말씀이 정보로만 남아 내면이 아닌 겉만 조금 더 치장하고 요란해질 수밖에 없다.

남의 떡이 커 보이는 것처럼, 남의 티는 눈덩이처럼 불어나 보인다. 육중한 나의 죄는 오히려 잘 보이지 않거나 가볍게 느껴진다. 이 부분이 전환된다면 성장의 통로가 된다. 제자 훈련을 하는 과정에서 이끄미와 따르미가 누리는 가장 큰 복도 바로 이 부분이다. 삶을 나누는 중에 나 자신을 더 깊이 들여다본다. 내면이 정돈되면서 말씀이 질서로 채워진다.

처제의 말을 곱씹으며 설교의 긴장감에서 벗어나고 싶어 했던 나를 조용히 잡아끌고 들어왔다. 어쩌면 말씀의 긴장 안에 사는 것이 가장 안전한 길이다.

남겨 놓기

교역자들과 아침부터 점심 때까지 회의를 했다. 늦은 점심 식사를 마치고 황요한 목사님 추천으로 '백운커피'에 들렀다. 전혀 카페가 있을 것 같지 않은 곳에 카페와 어울리지 않는 오래된 건물이 있다. 그런데 뒷길 주차장으로 들어서는 순간, 감성이 자극되었다. 오랜만에 보는 연통, 올라오는 연기, 초라해 보이는 간판, 벗겨진 페인트, 오래된 사진첩과 같은 건물, 오래되고 부서진 것도 아름다울 수 있었다.

새로운 건물도 예쁘고 좋지만, 가끔은 오래된 건물을 볼 때 많은 영감을 받는다. 그냥 그 자리에 있어 준 것이 고마울 때가 있다. 오랜 시간을 견딘 세월의 무게감이 고스란히 담겨 있는 것 같아 한참을 쳐다본다. 개발과 돈의 논리에 모든 것이 밀려 버리는 세월과 공간 속에서, 기억의 연속성을 위해 오래된 거리, 오래된 골목, 오래된 건물, 오래된 집은 좀 놔둬야 하는 것이 아닌가 생각한다.

경쟁하고 발전하고 극복하고 성장해야 하는 정글 속에서 오래된 것에 머물러 있다는 것은 무슨 의미인지, 세월의 무게를 견뎌 온 뼈대와 골격을 놔둔 채 새로운 감성을 채우는 감각은 어디에서 나오는지 여러 생각이 들었다. 여유로운 시간이 주어진다면 아무 생각 없이 멍 때리고 싶은 곳. 전통과 현대 감각의 조화, '오래된 새것'은 색다른 힘이 있다.

나는 아직도 키오스크 사용이 불편하다. 화면을 열어 메뉴를 고르고, 추가할 것과 빼야 할 것을 구분하고, 간단하게 몇 번의 터치로 주문과 결제를 진행할 수 있지만, 이게 사람 사는 세상인가 싶다. 사람과 사람이 만나 인사도 나누고, 물어도 보고, 주인이 추천해 주는 것은 무엇인지도 알고, 그런 나눔과 정이 통했으면 좋겠다. 매장에 직원이 있지만, 전혀 말을 나누지 않아도 모든 소통이 이루어지도록 많은 것이 바뀌어 간다.

기술과 터치는 관계를 고립시키고 나이가 들수록 누릴 것은 줄어든다. 이모티콘은 미소와 슬픔을 대신 처리하고 온라인 대화는 오해와 갈등을 낳는다. 건물과 아파트는 높아지는데 마음은 옹색해지고, 초연결 과잉 연결 사회가 되었지만 깊은 우정을 나누기는 어렵다.

가끔 숨 쉴 공간이 필요할 때, 묵상과 기도를 원할 때, 걷고 싶고 누리고 싶은 카페를 만났다. 마음이 삭막해지거나, 정신이 탁해지거나, 무엇인가를 비우거나 주변을 돌아보고 싶을 때 다시 오자 다짐했다. 예전에 어떤 용도로 사용한 건물이었는지 궁금했지만 주인처럼 보이는 이에게 일부러 물어보지 않았다. 한 번에 다 알면 재미없을 듯하여, 질문을 하나 남겨 놓기로 했다.

☕ 얼마나 아프실까

이번 온 가족 새벽기도회는 '겟세마네 기도'에서부터 시작한다. 주님께서 체포를 허락하시는 장면, 이리저리 끌려다니며 심문과 조롱과 고문을 당하시는 장면, 정의가 실종된 재판을 통해 사형을 선고받으시는 장면 등 십자가를 짊어지는 수치스럽고 고통스러운 그 길을 묵상하는 가운데 목회하면서 받았던 상처와 아픔이 되살아났다. 그리 유쾌한 기분은 아니다. 고난의 잔을 옮기고 편하게 가고 싶은 마음은 여전하다.

빌라도는 예수님을 '넘겨'주었지만, 하나님은 우리의 죄악을 그에게 '담당'시키셨다. 주어진 것이며, 정해진 길이라는 사실은 위안을 준다. 내가 준비하고 계획해서 달려온 것 같은데 돌아보니 주어진 삶을 감당한 것이었다. 설교를 준비하는 과정에서 이런 부분을 종종 경험한다. 본문을 읽고 주석을 확인하고 적용점을 찾으며 내가 설교 원고를 다 준비한 것 같은데 돌아보면 결국 말씀이 주어져 있다.

거슬러 생각해 보니 모든 삶이 그랬다. 다 하나님으로부터 주어진 것이다. 태어난 것도, 어린 시절도, 주변 환경도. 공부하고, 결혼하고, 목회하는 모든 것이 내가 준비하고 선택하고 노력해서 이룬 것이 아니라 그저 내게 주어진 것을 감당해 온 것이다.

온 가족 새벽기도회라 긴장했는지 새벽 3시만 조금 넘으면 잠에서 깼다. 세수하고 주섬주섬 옷을 챙겨 입고 나서는 길에 찬양이 떠오르기도 하고, 준비된 설교 원고에 더하여 새로운 감동이 주어지기도 한다. 〈얼마나 아프실까〉 찬양을 부르는데, 삶이 주는 긴장과 스트레스가 예수님의 수난에 살짝 포개어진다.

예배당을 철거하는 과정 중에 인터넷 선이 끊겨 부랴부랴 교역자들과 미리 녹화를 준비하기도 하고, 임시 처소 이주협약서를 다시 손질하기도 하고, 완성된 설계도를 확인하기도 하고, 성도들 나누어 줄

비싼 유정란을 안전하게 옮기기도 하고, 어려움 당하는 이들을 찾아가 함께 기도하면서 고난주간을 꽉 채운다. 고난을 머금고 벚꽃은 활짝 피었다.

예수님 부활하지 않으셨다면 어쩔 뻔했나. 부활도 주어진 것이기에, 오늘 새롭게 주어진 삶도 기쁨을 충전하여 또다시 걷는다.

🍵 부글부글

서울의 한 대형 교회에서 있었던 일이다. 여전도회에서 전임 전도사에게 찬양 인도를 부탁했다. 그런데 그 시간이 평일 저녁 7시 30분이었다. MZ세대에 속하는 젊은 전도사는 '퇴근 이후'이기 때문에 찬양 인도를 할 수 없다고 말했다. 이 말이 알려지면서 행사를 준비하는 여전도회 회원들뿐만 아니라 교회 전체가 한바탕 부글부글 끓었다고 한다.

이 소식을 전하는 기사를 접하며 많은 생각이 들었다. 눈치가 없는 것인가. 사명 의식이 부족한 것인가. 공동체의 생리와 목회가 무엇인지 모르는 것인가. 아니면 일과 삶의 균형을 중시하며 자기 의사를 당당하게 주장했기 때문에 교회에서 이해해야 하는 것인가.

MZ세대가 조직을 떠나는 것이 사회에서도 하나의 트렌드가 되었다. 근무 환경이나 기업 문화에 만족하지 못할 때 이직이나 퇴사를 실행하는 것이 세계적인 현상이라 한다. 소위 '나 때'를 자주 말하는 이들은 이런 현상에 대하여 부글부글할 것이다. 하지만 MZ세대도 마찬가지다. 교회 전통과 관련된 기존 체제에 대하여 부글부글하는 요소가 많을 것이다.

개인의 취향과 개성이 확실한 MZ세대는 전통과 보수, 위계질서가 만연한 교회 환경에 적응하기가 쉽지 않다. 특히 팬데믹 이후 비대면 개인 활동 시간이 늘어나면서, 진실한 공동체를 경험하지 못한 채 인터넷에서만 소통하면서, 사람들과 관계를 맺거나 수직적인 조직 문화에 적응하는 데 어려움을 겪고 있다.

이런 갈등은 앞으로 계속될 것이다. 양쪽이 조금 더 노력하고 양보하며 용납할 준비를 해야 하지 않을까. 일단 이제 신학교에 가려는 이들은 지성과 영성은 물론이거니와 진실한 공동체를 경험하고 사명이 확실해야 한다. 교회에 대한 이해 없이 교회를 세우고자 하는 것은 서로를 힘들게 한다.

교회는 MZ세대 사역자들에 대하여 그들의 입장과 의견을 경청하고, 합당한 대우와 성장할 기회와 근무 환경을 제공해 주어야 할 것이다. 이들이 좋은 목회자가 되지 않으면 20~30년 후, 출산율과 더불어 자연적 감소 현상이 두드러지는 세대에 건강한 교회를 찾기가 더 어려워진다.

사회가 모든 영역에서 급격한 변화를 겪고 있다. 서로의 입장만 고수하면 부글부글할 수밖에 없다. 잘못된 관행과 습관을 용해시키고, 전통 안에서 여전히 지키고 보수해야 할 것에 MZ세대가 가진 창의성과 새로움을 접목시키면 새로운 무언가 나오지 않을까.

본연의 자신

성경을 묵상하다가 예레미야에게 큰 매력을 느꼈다. 주어진 말씀으로 뜨거워진 그의 심장, 현실이 고단했지만 뼛속까지 사무치는 울림을 외면할 수 없던 그 몸부림의 실체가 궁금했다. 신학을 공부하고 목회를 하면서 예레미야에게 매력을 느낀 이유가 그의 '인간적인 면모' 때문이었음을 알게 되었다. 무너져 가는 격동의 시대, 실패할 수밖에 없는 메시지, 설교와 목회의 내용을 그는 고통 속에서 온몸으로 끌어안고 살았다.

클릭하면 화면이 바뀌고 노력하면 어떤 결과물이 나와야 하는 세상에서, 인터넷과 유튜브를 통해 수시로 비교당하고 비교할 수밖에 없는 세상에서, 성공적인 열매 없이 견뎌야 했던 그의 삶의 원천을 배울 수 있을까? 유진 피터슨은 말한다.

> 예레미야, … 그는 하나님의 이름 안에서 싸우고 하나님의 존재를 탐구했으며, 그 과정에서 성장하고 계발되었으며, 무르익고 영글어 갔다. 그는 계속해서 성장하고, 더 깊은 진리를 발견하고, 하나님과 더욱 풍성한 만남을 가졌으며, 더욱 본연의 자신이 되었으며 더욱 인간적인 모습으로 덧입혀졌다. 유진 피터슨, 《주와 함께 달려가리이다》

'본연의 자신'이란 말이 가슴에 닿는다. 본연의 자신이 된다는 것은 멋진 일이지만 현실에서는 결코 쉬운 일이 아니다. 우리는 창조

때부터 주어진 나 자신이 아니라 시대와 문화가 원하는 삶을 강요받아 왔다. 적절하게 포장하고 이미지 관리를 통해 내가 아닌 다른 사람으로 살아갈 때가 많다. 그래서 우리는 더욱 외롭고 불안한지도 모른다. 예레미야의 탄식은 이렇게 기록되었다.

> 아이고, 배야. 창자가 뒤틀려서 견딜 수 없구나. 아이고, 가슴이야. 심장이 몹시 뛰어서, 잠자코 있을 수가 없구나. 나팔 소리가 들려오고, 전쟁의 함성이 들려온다. 렘 4:19, 새번역

그리고 또한 그는 분노하였다.

> 제가 말하고 경고한들 누가 제 말을 듣겠습니까? 그들은 귀가 막혀 주님의 말씀을 들을 수 없습니다. 주님께서 하신 말씀을 전하면 그들은 저를 비웃기만 합니다. 말씀 듣기를 좋아하지 않습니다. 렘 6:10, 새번역

> 어찌하여 악인들이 형통하며, 배신자들이 모두 잘되기만 합니까? 이 땅이 언제까지 슬퍼하며, 들녘의 모든 풀이 말라 죽어야 합니까? 렘 12:1, 4, 새번역

이것이 예레미야의 질문이었다. 마치 친정어머니를 만나 울분을 쏟아 놓는 것처럼 그는 하나님 앞에서 모든 감정을 토한다. 고상하지 않고 뻣뻣하지 않아서 좋다. 그의 이런 인간적인 면모가 좋다. 이렇

게 하나님 앞에 본연의 자신으로 살아갈 수 있을까.

낮은 곳으로

설교를 들으며 눈물을 흘려 본 것은 참 오랜만이다. 지난 금요일 장애인 자립을 위한 '굿윌 스토어' 사목으로 있는 서진교 목사님의 설교를 듣다가 나도 모르게 눈물이 나왔다. 40대 초반의 설교자, 그의 인생 여정은 생각했던 것보다 험난했고 지금도 진행 중이다.

굿윌 스토어 매장을 방문하여 서 목사님을 처음 만났을 때부터 그의 진심이 느껴졌다. 노숙인과 장애인, 사회적 약자를 향한 긍휼의 마음. 본인도 성하지 않은 몸으로 힘든 사역을 감당하면서도 진실한 눈물로 교회들을 조용히 깨우는 사람이었다.

1~2년 사이에 무릎 수술도 하고 담관염으로 고생을 많이 하여 이제 좀 쉬어야 할 판인데, 한 사람을 향한 진심이 연약한 육체를 하루하루 일으킨다. 본인도 언제 몸이 부서질지 모르는 상황에서, 열어 주시는 길을 따라 사역을 감당하고 있다.

그는 아내가 특별히 준 목도리 선물, 정말 이것만큼은 노숙인에게 나눠 주지 말라고 신신당부했던 그 선물마저 강남 거리를 걷다가 추워 보이는 할아버지에게 감아 주었다고 한다. 돌아서서 가는데 할아버지가 자신을 쳐다보는 그 눈빛이 마치 예수님이 자신을 하염없이 바라보면서 '고맙다' 하시는 것 같아 아주 특별한 순간을 경험했다는 간증을 나누었다.

설교 시간을 통해 목회하면서 최근에 놓치고 있던 지점, 그리고 앞으로 우리 교회가 소홀히 할 수 있는 그 지점을 명확하게 하나님이 말씀하시는 것 같았다. 내 마음이 어디에 있는지, 내 진심이 누구를 향하고 있는지에 대하여 예수님이 말씀하시는 것 같아 나도 모르게 눈물이 나왔다.

일하는 장애인의 미소 속에서, 부모님께 용돈을 드리는 자신감 속에서, 사회의 일원으로 떳떳하고 당당한 모습 속에서, 예수님의 모습을 본다는 서 목사님은 참 행복한 사람이다. 설교 내용 중 가장 마음을 울린 것은 예수님이 보고 싶을 때 낮은 곳으로 가야 한다는 것이다. 가장 낮은 곳에서 지금도 함께하시는 예수님을 만날 수 있기 때문이다.

가끔은 아이들 데리고 굿윌 스토어 매장을 방문해야겠다. 가끔은 교역자들과 이곳에서 커피를 마셔야겠다. 지난 수요일에는 수리 장애인 종합복지관에서 우리 교회 집사님을 오랜만에 만났다. 3천 원짜리 식사를 사 주었는데 얼마나 맛있게 먹었는지 모른다.

> 임금이 대답하여 이르시되 내가 진실로 너희에게 이르노니 너희가 여기 내 형제 중에 지극히 작은 자 하나에게 한 것이 곧 내게 한 것이니라 하시고 마 25:40

삯꾼의 경계에서

신혼 때는 아내를 평촌역에 데려다주면서 바로 출근을 하다 보니 정식 출근까지 늘 2시간 정도 여유가 있었다. 아무도 없는 사무실에 들어와 환기시키고 가끔은 청소를 하고, 화분에 물을 주는 일은 큰 기쁨이었다. 마치 누군가 한 번도 밟지 않은 눈을 밟은 느낌이었다.

가끔은 교회와 주차장 마당도 쓸었다. 쓸고 나면 기분이 좋다. 누가 시켜서 마당을 쓸면 이런 기분이 나지 않는다.

돈 되는 일을 쫓다 보면 돈 받은 만큼만 일하게 된다. 주도권을 잃어버리면 흥미를 잃어버린다. 창의력은커녕 버티는 시간으로 만족한다. 누군가의 부탁을 받고 일을 하더라도 시켜서 움직일 것인가 내가 주도권을 가지고 시간을 채울 것인가는 마음가짐에 달려 있다.

부교역자 생활을 했던 15년의 기간은 정말 행복했던 시간으로 남아 있는데, 가장 결정적인 이유는 일의 주도권을 내가 가지고 있었기 때문이다. 물론 교회의 방향, 시스템과 틀 안에서 움직여야 했지만 그 안에서 상상력을 발휘하고 해야 하는 일과 하고 싶은 일을 찾아내고 주도적으로 움직이는 것은 나의 몫이라 생각했다.

지금까지 돈 되는 일을 우선 고려한 적은 없다. 축구하면서 깨달은 점은 공을 쫓아다녀서는 절대 공을 만질 수 없다는 것이다. 정말 축구를 잘하는 사람은 공이 오는 길목에 있거나 공을 이리저리 잘 분배한다. 공 하나에 여러 사람 달라붙으면 그만큼 공을 만질 확률이 줄어든다.

요즘에는 슬슬 일의 재미를 찾아가고 있다. 여전히 힘든 부분이 있지만 공이 오는 지점이 어디이며, 어떻게 공간을 창출해야 하는지 상상하면서 움직이고 싶다. 그러려면 시야도 넓히고 여유를 가져야 하는데, 가끔은 공만 죽어라 쫓아다니기도 한다.

새번역으로 시편을 소리를 내서 읽는데 많은 기쁨이 몰려온다. 돈 받고 성경을 읽었으면 지겨웠을 것이다. 이런 말씀이 쏙 들어온다.

> 주님께서는 주님께 헌신하는 사람을 각별히 돌보심을 기억하여라. 주님께서는 내가 부르짖을 때에 들어 주신다. 시 4:3, 새번역

봉사할 때 주어지는 기쁨은 각별한 돌보심에서 나온다는 것으로 읽었다. 나는 삯꾼이 나쁜 사람이라고 생각하지 않는다. 돈 받고 일하는 사람이다. 그런데 그것을 넘어서면 좋겠다. 삯꾼과 헌신의 경계에 서 있다.

☕ 예배 펑크

우리 성도들과 함께 어딘가로 걸어가고 있었다. 가는 길에 조폭을 다섯 명이나 만났다. 별 탈 없이 그냥 지나쳤다. 한참 가고 있는데 뒤에 오던 우리 교회 형제가 조폭에게 어려움을 겪는다는 이야기를 누군가가 전해 주었다. 형제가 걱정되어 오던 길을 되돌아갔다. 다행히 형제는 아무 탈이 없었다.

다 꿈이었다. 놀라서 일어나 보니 아뿔싸, 새벽예배 지각이 확실

했다. 당장 씻고 가도 새벽예배가 끝나는 시간이었다. 아내는 딸아이를 데리고 다른 방에서 자기 때문에, 당연히 내가 나간 줄로만 알고 있다가 다른 목사님이 나와서 놀랐다고 한다.

급히 강원석 목사님에게 전화를 걸어 상황을 설명하고 예배를 부탁했다. 온라인 예배를 켰더니 6시 5분경 흰색 티셔츠에 재킷을 입은 강 목사님이 강단에 올랐다. 미안한 마음이 들었다. 찬송을 부른 다음 바이블 성경을 틀고 기도 제목 나누며 간단히 마무리할 줄 알았는데, 본문 읽고 설교를 시작한다.

대단한 목사다. 늘 그 자리를 지키는 것도 그런데 본문을 읽고 바로 설교를 하다니. 제일소망교회 전임 7년 차 내공이 나온다. 그런데 열심히 준비한 내 설교보다 더 좋다. '이건 뭐지' 하는 생각과 고마운 마음이 교차했다. 현장에 참여한 분들과 실시간 온라인 예배에 이름을 걸고 들어온 분들에게는 송구한 마음이 들었다. 새벽예배를 그렇게 강조했는데 정작 내가 설교의 자리를 지키지 못했다.

거의 모든 예배를 온라인으로 병행하다 보니 실수한 것이 기록으로 남는다. 영상을 삭제하지 않는 한 계속 반복되어 송출된다. 핸드폰은 내 발걸음 수를 정확히 계산해 준다. 내 발걸음과 행적이 첨단기기에 의해 모두 기록되는 세상에 살고 있다. 편리하지만 부끄러움도 가중된다.

새벽 설교를 담당하는 날은 긴장하고 일찍 잠을 청하는 편인데, 나도 모르게 핸드폰 알람을 끄고 꿈까지 꾸면서 시간을 놓쳤다. 찜찜하고 죄송한 마음이 종일 계속되었다. 다음 날은 전날 일로 더 긴장해서 그런지 새벽 2시 반부터 잠에서 깼다. 다시 잠을 청해도 오지 않아 바로 세수하고 성경과 신학 도서를 읽으며 고요한 새벽을 만끽했다.

꿈에서 내가 구하려던 형제는 작년까지 내 목장원이었다. 꿈속에서도 성도를 지키고자 하는 마음 때문에 새벽예배 펑크 냈다고 스스로 위로를 건넨다. 나중에 들으니 강 목사님은 그날 새벽 곰돌이 티셔츠를 입고 왔다고 한다. 얼른 뒤집어 입고 사무실에 둔 재킷을 걸치고 설교를 했다는 후문.

☕ 조회수

요즘 온라인 예배보다 현장 예배로 나오는 사람이 늘어나고 있다. 그러다 보니 설교 영상 조회수가 감소한다. 주일 저녁마다 '예배 영상' 조회수를 확인하고, 며칠 지나면 '설교 영상' 조회수를 확인한다. 현장 예배에 오는 분들 외의 인원과 예배 영상 조회수가 얼추 맞을 때 안도감을 느낀다.

교회 규모와 상관없이 소위 '스타 목사'의 설교는 조회수가 몇 만 회를 훌쩍 넘는다. 상식적으로 생각하면 목양하는 교인의 숫자만큼, 아니면 그것보다 조금 더 상향된 수치가 나와야 하는 것 아닐까. 과하게 편중된 것을 보면 이것이 갈급함의 문제인지 양극화의 문제인지 가늠하기 어렵다.

목사에게 조회수는 탐욕이기도 하다. 몇 만 명 이상 조회수가 찍히는 영상을 보면 도대체 어떤 설교이길래 이렇게 사람들이 많이 듣나 궁금해서 들어가 보기도 한다. 설교를 끝까지 들을 만한 정성은 없다. 단순 호기심으로 탐색하는 것이다. 별 내용도 없는데 기가 막힌 설교를 하는 목사도 있다. 원고도 없이 청산유수로 말을 이어 가며 청중의 입맛을 사로잡는 카리스마가 대단하다.

이렇게 설교만 시청하거나 설교를 쇼핑하듯 찾아 듣는 것을 통해 온전한 신앙 형성이 이루어질까 의문이다. 물론 말씀의 갈급함 때문에, 아니면 특수한 상황에서 말씀의 공급을 통해 신앙의 성장과 해답을 얻는 것은 필요한 일이라고 본다.

예전에는 설교 잘하려는 마음이 컸다. 그래서 이런저런 치장을 많이 했다. 하지만 시간이 지날수록 설교 잘하는 것의 기준이 조금씩 바뀌고 있다. 지금은 밥을 짓는 마음으로 설교를 준비한다. 외부 음식이 아무리 맛있어도 계속 먹으면 물린다. 집에서 엄마가 해 주는 밥은 자극적이지 않아 오래간다. 몸과 마음이 건강해진다. 외부 음식 섭취는 집에서 먹는 밥이 기본이 되었을 때 안전하다. 온라인에 앉아 외롭게 먹는 밥이 아니라 '한 상에 둘러서 먹고 마시는 예배'가 되었으면, 서로 응원하며 격려하는 자리가 되었으면 좋겠다.

현장에서 예배하기 위해 애쓰고 또한 여러 이유로 가정에서 온라인을 통해 예배를 드리며 한 공동체라는 인식을 공유하는 성도들에게 감사한 마음이다. 설교를 준비하는 시간은 성도를 기억하는 시간이기도 하다. 기도하는 시간에 말씀은 익어 간다. 강단에서는 말씀이 사건과 능력이 되어 성도의 삶에 투영된다. 잘하려는 부담을 내려놓을 때 충분히 발효된다. 이제 조회수에서 자유롭게 말씀을 전하면 좋겠다.

예수의 흔적

"엄마, 아빠도 까인 적 있어?"

'까였다'는 말은 어디서 들었는지, 유진이의 갑작스러운 질문에 아내는 웃으며 대답을 했다.

"그럼 많지."

모든 사람이 100% 다 인정받을 수 없고, 아빠가 무슨 결정을 내려도 찬성하거나 반대하는 분들이 있다는 식으로 잘 포장해서 이야기해 주었다.

목회 여정을 돌아보면 내가 가장 자신 있었던 영역에서 까이곤 했다. 탈탈 털렸다. 속마음을 들킨 것 같아 부르르 떨 때도 있었고, 감정과 이성이 뒤엉켜 건강한 판단을 내리지 못할 때도 있었다. 이런저런 말들이 많이 오고 가는데 자존심이 상할 만한 상황이 처음에는 적응이 되지 않았고 힘들었다. 억울해도 다 말할 수 없었고, 교회를 위해 그냥 안고 가며 짊어져야 할 일이 많았다.

어느 땐가는 내가 다 이겨야 목회가 편하고, 교회가 잘될 거라고 생각했었다. 그런데 나중에 보니 누가 이기고 지는 싸움은 중요한 게 아니었다. 그저 누가 빨리 죽는가, 누가 빨리 엎드리는가가 중요한 싸움이었다.

지금은 조금 여유가 생겼는지 그러려니 넘기는 일도 많다. 성경을 보면 바울도 모세도 자존심 상할 만한 일들을 많이 만났다. 하지만 그 과정에서 그들은 '단련'되었다. 자존심 상할 일이 없어서 위로가 되는 것이 아니라, 나만 당하는 것이 아니라는 것에서 힘을 얻는다. 목회도 건축도 성도의 신앙 형성을 위한 코스이며, 또한 이 과정을 통해 성도와 목사를 다듬으시려는 하나님의 세심한 계획이라는 생각을 하니 마음이 편하다.

최근 갈라디아서를 설교하면서 복음의 능력을 다시 발견하게 되었다. 자존심이 무척 상할 수밖에 없는 상황에서 바울은 다시 복음으로 돌아갈 것을 권면한다. 성령의 열매는 가장 본질적이고 아름다운 자태이다. 오래전 결혼식 날 주례하던 목사님이 '예수 잘 믿는 목사'가 되라고 덕담해 주었는데 이제야 그 뜻을 조금 알 것 같다. 안식은 아무것도 하지 않는 것에서 주어지는 것이 아니라 도전과 문제와 풍랑 속에서 누리는 선물이다.

> 이후로는 누구든지 나를 괴롭게 하지 말라 내가 내 몸에 예수의 흔적을 지니고 있노라 갈 6:17

적당한 때에 이 한마디 남길 수 있다면, 그래도 잘 살아온 것 아닌가 싶다.

☕ 단순함

톨스토이는 《안나 카레니나》에서 "행복한 가정은 모두 엇비슷하고, 불행한 가정은 불행한 이유가 제각기 다르다"라고 썼다. 이를 두고 누군가는 '안나 카레니나의 법칙'이라는 것을 만들었다. 공부를 잘

하는 사람은 모두 비슷한 이유를 대고, 공부를 못하는 사람은 제각기 이유가 다르다는 것이다. 성공한 사람은 모두 비슷한 이유를 대고, 실패한 사람은 이유가 제각각 다르다는 것이다. 목회도 그럴까? 생각해 보니 참 맞는 말이다.

인생을 관통하는 단순한 원리가 있다. 그것을 놓치면 더 복잡해진다. 하나님은 우리를 정직하게 지으셨지만 사람은 많은 꾀를 내며 산다. 그렇기 때문인가. 가져다 붙이면 다 변명이고 핑계가 된다. 불행한 이유, 실패한 이유, 좌절한 이유가 저마다 많아진다. 어쩌면 그 많은 이유들로 단순성의 원리가 희석되는 것일 수도 있겠다.

설교도, 목동생각도 다 쓰고 나서 다시 읽어 보면 덧붙여야 할 내용보다는 빼야 할 내용이 더 많다. 글도 그렇고 삶도 그렇고 나중에 생각해 보면 쓸데없는 것이 참 많다. 빼고 덜고 잘라 내면 한두 가지 남는 것이 나오는데 그것이 본질이다. 핵심을 설명하기 위해 이리저리 둘러대는 것이 오히려 핵심과 멀어지게 하고, 더 복잡하게 만든다.

목회는 의외로 단순한 것일 수 있다. 본질을 붙잡고 가면 될 것 같은데 곁가지에 신경이 쓰이기도 한다. 그러다 길을 잃어버리기도 하고 되돌아오는 길을 놓치기도 한다. 웃을 일도, 감사할 일도, 화낼 일도, 우울할 일도 많은데 그 가운데 길을 찾는다.

벌써 11월, 숨 가쁜 일정이 기다리고 있다. 한 해를 마무리하고 새해를 준비하는 일, 기독교의 중요한 절기를 기념하는 일, 사람을 세우고 목장을 정비하는 일, 회의하고 결정하는 일 가운데서 본질과 비본질을 가려내고, 핵심과 곁가지를 구분해야 한다.

몸은 하나고 시간은 한정되어 있어서 마음이 다급하거나 분주할 때도 있다. 그럴 때마다 붙잡을 수 있는 원리 하나가 더 분명해졌으면 좋겠다. 불 앞에서 멍을 때리거나, 바닷물을 보면서 멍을 때리다 보면 쓸데없는 생각이나 걱정의 파편들이 태워지거나 쓸려 가지 않을까.

물 가지고 날 씻든지, 불 가지고 태우든지. 찬송가 274장

밥 익는 시간

며칠 전 주방에서 우연히 '노숙인 식사 준비 매뉴얼'을 보게 되었다. 그에 따르면 새벽 2시에 기상하여 2시 30분에 교회 식당에 도착해야 했다. 쌀 씻기를 시작으로 여러 솥단지에 물을 맞추는 일과 전원을 켜고 끄는 일, 뜸 들이는 일과 솥 냄새 확인하는 일, 식히기와 누룽지 만들기와 마지막 배식과 정리하는 일까지 자세하게 적혀 있었다.

우리 교회는 주일 오전 6시부터 7시까지 도시락 나눔을 하고 있다. 그 시간에는 조금 거짓말 보태서 '살벌하게' 주방 일이 돌아간다. 요즘은 도시락을 받아 가는 분들이 2백 명이 넘는다. 배식을 하는 분들이나 안에서 음식을 준비하는 분들에게 늘 감사한 마음을 가지고 있다.

그동안 나는 음식을 담당한 분들이 전날 와서 재료를 미리 준비한 다음, 당일 봉사하는 분들이 주일 새벽 5시 정도에 와서 조리하고 나눔을 진행하는 것으로 알고 있었다. 그런데 이번에 준비 매뉴얼을

보면서 밥이 익어 가는 시간도 필요하다는 것을 알게 되었다. 누군가는 새벽 2시에 기상해서 밥을 준비해야만 한다는 사실을 부끄럽게도 이제야 알았다. 생각해 보면 무엇 하나도 저절로 그냥 되는 법이 없다. 밥도 그렇다.

설교 준비도 비슷한 면이 있다. 메뉴를 정하고 재료를 준비하고 다듬고 씻고 불리고 뜸 들이고 맛과 영양을 고려하며 정해진 시간까지 기다려야 한다. 설교자는 성도들이 잘 먹는지, 맛있게 먹는지, 소화는 되는지, 누가 먹지 않는지, 혹은 대충 먹는지 신경이 쓰인다. 요즘엔 온라인 예배도 병행 중이라 생각이 더 복잡하다. 맛집 탐방하러 돌아다니는 이들은 없는지, 불량 식품을 먹고 건강을 잃어버린 이들은 없는지 늘 마음이 쓰인다.

목회를 가볍게 할 수 없다는 사실을 시간이 지날수록 배운다. 진이 다 빠지는 일이라 제사장은 50세까지만 직무를 감당하도록 했나 보다. 새벽부터 깨어 부지런히 봉사하는 분들과 보이지 않는 자리에서 묵묵히 자기 역할을 감당하는 성도의 삶을 생각한다면 어느 하루 소중하지 않은 날이 없고, 어느 시간 하나 허투루 보낼 수 없다.

무엇이든 충분하게 익으려면 시간이 필요하다는 사실을 배운다. 새벽 2시에 깨어 적막 속에 홀로 있는 시간도 필요하다. 고독을 즐기며 밥 익어 가는 냄새와 함께 아침을 기다리고 싶다. 코팅해 놓은 식사 준비 매뉴얼을 복사해 두었다. 목양실 가장 잘 보이는 곳에 놓고 속이 상하거나 마음이 흐트러질 때 봐야겠다.

☕ 일상의 소중함

지난 목요일 오후부터 몸살 기운이 올라왔다. 당진에 심방하고 돌아오는 차 안에서 '이거 좀 심각하구나' 느끼면서 저녁 일정을 취소했다. 혹시 몰라 주차장에 차를 세우고 아내가 가져온 자가 키트로 검사했는데, 코로나 양성반응이 나왔다. 머릿속이 복잡해졌다. 당장 내일부터 주말인데 설교와 사역과 심방과 약속들이 다 엉켜 버렸다.

교역자들과 통화하면서 상황을 하나씩 정리한 후, 늦은 시간 사무실에 들러 필요한 물품을 챙겨 나왔다. 드디어 본격적으로 찾아온 증상들. 아내는 내가 안방에서 자가 격리하도록 준비해 놓았다. 책도 몇 권 챙겨 왔지만 전혀 눈에 들어오지 않는다. 다음 날 겨우 몸을 추슬러 병원에 가서 신속항원 검사를 하고 약을 처방받아 왔다. 입맛이 없지만 약을 먹기 위해 꾸역꾸역 밥을 먹으면서 시간을 보냈는데, 며칠 동안 몸의 리듬이 완전히 깨져 버렸다.

하루에 몇 잔이라도 마시는 커피 생각이 전혀 없었다. 몸살 후 몸이 나아졌다는 증거 중의 하나는 커피가 먹고 싶다는 것, 그리고 커피의 향을 음미할 수 있다는 것인데, 며칠 동안 커피에 대한 간절함이 사라졌다.

그동안 코로나 때문에 힘들어하던 성도의 마음이 느껴졌다. '이런 심정이었구나. 이런 상황이었구나.' 조금은 더 알게 되었다. 경험해 보지 않고서는 그 무엇도 쉽게 말하지 못함을 배운다. 특히 육체노동을 해야 하는 분들 중에는 코로나 확진 상황에서도 일을 쉬지 못하는 분들이 있었는데, 그 몸으로 어찌 일을 감당했을까 하는 안타까운 마음이 들었다. 또한 요양원에 누워만 있는 분들은 얼마나 힘들지 가히 상상도 안 되었다.

월요일 이후에는 신체 리듬을 회복하기 위해 노력했다. 읽히지 않아도 조금씩 성경을 읽기 시작했고, 다시 기도의 시간을 확보했고, 몇 권 챙긴 책도 꺼내서 읽었다. 약 기운에 취해 정신이 몽롱할 때도 있지만 일상을 회복할 준비를 서서히 하는 것이 필요하다 싶었다. 그냥 널브러져 있는 것보다 몸을 움직이는 것, 리듬에 맞게 사는 것이 훨씬 더 쉽다.

비록 피곤하더라도 평범한 삶의 중요성, 새벽예배를 위해 일찍 잠을 청하고, 설교를 준비하고, 기도하고, 심방하고, 커피 한잔하면서 업무를 감당하고, 퇴근하면 가족과 식사를 하며 나누었던 일상의 소중함에 눈을 뜨는 시간이 되었다. 가족의 사랑, 성도의 기도, 함께 삶을 감당하는 공동체를 통해 우리는 재난과 질병과 어려움을 극복하며 다시 소망을 꿈꾼다.

겸손나무

새벽예배 후 산을 돈다. 주로 크게 한 바퀴 걷고 나면 근력운동을 한다. 요즘엔 아카시아 향이 상큼하다. 가끔 지루할 때면 노선을 바꾸어 중간에서 우회하는 쪽을 택하기도 하는데, 족구장 쪽으로 내려오다가 '겸손나무'라 이름 붙인 나무를 발견했다. 큰 나뭇가지 하나가 오른쪽으로 뻗어 있어서 그런 것인지, 아니면 이곳을 지날 때 겸손하게 고개를 숙이고 지나가라는 뜻에서 붙였는지 모르겠지만 재미있다고 생각했다.

겸손하다는 것은 무슨 뜻일까. 말을 하지 않으면 겸손한 것인가. 자기 색깔을 드러내지 않거나 자기 의견을 강하게 주장하지 않으면 겸손한 것인가. 자신이 겸손하다고 생각하는 순간, 자신이 겸손하다고 말하는 순간 겸손은 형체도 없이 사라진다. 그 자리에 교만이 들어온다. 요란하지 않아 더 무섭다.

모세는 민수기에서 지면의 모든 사람보다 '온유'하다는 평가를 듣는다. 처음에는 이것이 성품과 관련된 것이라 생각했다. 강하거나 세지 않고, 부드럽고 약한 자로 다듬어지는 과정이라 생각했다. 어떤 학자는 이를 겸손으로 해석한다. 위로는 하나님을 찾는 것이요, 아래로는 백성들을 섬기는 것이 겸손이라는 것이다.

모세가 보여 준 모든 행동을 겸손으로 평가할 수는 없지만, 그는 분명 겸손한 자였다. 위기 때마다 하나님 앞에 엎드렸다. 때로는 원망과 불평하는 회중 앞에서 분노하는 인간적인 모습을 드러낼 때도 있었지만 그들을 불쌍히 여기며 중보했다.

말씀을 들을 때 가장 장애가 되는 것은 '교만'이다. 인간은 누구나 교만하기 때문에 지식과 논리 앞에 엎드리지 않는다. 고개를 끄덕일 수 있지만 변화로 이어지지 않는다. 기적을 봐도 은혜를 맛보아도 원망과 불평과 비교 의식은 체질이 되었다. 그 결과 광야는 통과하면 되는 곳인데 방황하는 곳이 되었다. 교만 때문이다.

사람이 철들었다는 것은 교만이 조금 깨진 것이다. 다른 사람 이야기를 조금 더 듣고, 나만 옳다는 생각에서 벗어나 다른 사람의 입장을 인식하는 것이다. 아이들에게 수시로 잔소리해도 고쳐지지 않던 것들이 할머니 할아버지의 한마디에 변화되는 모습을 볼 때가 있다. 사람의 변화는 지식이나 논리보다 그것을 초월하는 무조건적인 사랑에 있다는 사실을 배운다.

나 역시 지나온 과정을 돌아보니 유명한 신학자의 수려한 문장 때문에 변화된 것이 아니었다. 나를 품어 주는 큰 사랑에 마음이 녹아내렸다. 그 사랑이 변화를 이끈다. 어떻게 하면 겸손한 삶을 살 수 있을까. 아침 운동하면서 겸손나무를 자주 봐야겠다.

예상하지 못한 기도

선교지에 나가면 5년 안에 사역의 승부가 결정된다고 한다. 가장 결정적인 요소는 선교사 자녀의 적응 여부인데, 언어와 문화가 다른 환경에 아이들이 잘 적응하느냐 아니냐에 따라 선교를 계속하거나 아니면 접고 한국으로 돌아온다는 것이다. 새로운 문화와 언어를 습득하여 국제적인 감각을 갖추고 글로벌 리더의 역할을 감당하는 자녀도 있겠지만, 현지 상황과 언어에 적응하지 못하여 여러 장애와 트라우마, 고통 속에 사는 경우도 있다.

4~5년 만에 다시 만난 송현호 선교사님은 열정이 그대로였다. 전에 보았던 세 아들은 부쩍 컸다. 금요예배 전 중국 음식을 대접했는데, 초등학교 남자아이들이 얼마나 잘 먹는지, 나는 요리에 거의 손을 대지도 않았는데 더 주문해야 했다. 아이들과 깊은 대화를 나누지

는 못했지만 비교적 밝은 모습이다.

금요기도회를 마친 후 선교사님과 잠깐 대화하는 중에 사모님과 세 아들이 목양실로 들어왔다. 선교사님은 세 아들을 위해 안수기도를 부탁했다. 보통 누군가를 위해 기도를 한다면, 그 사람의 기도 제목이나 아니면 최소한 어떤 상황인지 알아야 구체적으로 기도할 수 있는데 나는 아이들에 대한 정보가 전혀 없는 상태였다.

선교사님은 한 명씩 안수기도를 해 달라고 했다. 의자에 앉혀 놓고 세 아들 각각 다른 기도를 하는데 나도 예상하지 못한 기도가 줄줄 나왔다. 아이들의 미래가 하나님의 손에 달려 있기에 간절한 마음으로 기도해 주었다. 큰아들이 제일 먼저 기도를 받았는데, 둘째 아들이 의자에 앉으면서 한마디 했다. "내가 첫째로 태어났어야 했는데."

내심 부러웠던 것인지, 첫 번째 기도발이 더 세다고 생각했던 것인지, 아무튼 에서의 발꿈치를 붙잡은 야곱 같다는 생각이 들었다. 아프리카 우간다의 척박한 환경 속에서, 생존의 위협 속에서, 학원은커녕 공교육도 제대로 받을 수 없는 상황 속에서 살아가는 아이들을 위해 간절히 기도했다. 깊은 곳에서 우러나오는 긍휼의 마음이 하나님과 통한 것 같다. 기도의 여운이 아직도 남아 있다.

우리 아이들에게는 저마다 주어진 몫이 있다고 생각한다. 공부하고 연습하고 준비해야 할 일들이 많지만 무엇보다 은혜에 대한 열망이 있는 자녀가 되었으면 좋겠다.

새벽에 부딪혀 오는 빗방울 소리를 들으며, 하나님의 은혜와 능력이 우리 아이들의 삶을 적셔 주기를 기도한다. 가물어 메말라 바닥이 드러났던 반월호수에 물이 가득 찼다.

바람 길

제법 날씨가 더워졌다. 목양실에서는 아직 에어컨이나 선풍기를 틀지 않았다. 견디지 못할 정도의 더위는 아니라고 생각했기 때문이다. 주로 하는 업무가 집중력을 요하는 일이다 보니 온도 역시 중요하다. 너무 덥거나 추우면 일의 능률이 떨어진다.

지난 수요일 오후, 에어컨은 좀 빠른 듯하여 선풍기를 틀어 볼까 하다 며칠 더 참자는 생각을 하고 창문을 열었다. 마침 바람이 많이 불어온다. 책상에서 나와 목양실 탁자에 앉으니 바람이 등을 시원하게 스쳐 간다. 선풍기 바람보다 자연 바람이 좋다.

김한주 집사님과 제자 훈련을 하는데 시작하고 사무실로 통하는 문을 닫아 놓았더니 더 이상 바람이 불지 않는다. 본당으로 난 문을 열어 놓으니 조금 시원해졌다. 바람도 길이 있어야 지나간다는 당연한 사실이 떠올랐다.

살고 있는 아파트 정문에 들어서면 마치 필로티 구조처럼 보이는 통로가 있다. 그곳이 그렇게 시원할 수가 없다. 의자에 앉아 있으면 호사를 누린다. 건물 사이의 좁은 공간을 통과하면서 바람의 속도가 빨라진다. 길이 나 있는 곳으로 바람은 지나간다.

콘크리트 열기로 더 뜨거운 도심의 여름. 높아진 아파트는 산에서 불어오는 바람을 차단하고, 공기를 시원하게 만들기 위해 틀어 대는 에어컨 실외기와 자동차 매연에서 나오는 열기는 도시를 열에 가두는 악순환을 반복한다. 열섬에 사는 우리에게 바람은 선물과 같다.

프랑스에서 잠시 한국에 나온 남동생, 그리고 부모님과 오랜만에 북한산에 올랐다. 외국 생활이 길어지니 예전 살았던 동네가 그리웠나 보다. 지금은 다 아파트 단지로 변해 버려서 찾기 어렵다는 것을 알고 있었지만 동생을 위해 시간을 내어 그 길을 다시 찾았다. 소위 달동네라 불리던 곳, 이리저리 난 골목길과 외등의 추억이 서린 곳, 어린 시절 마음껏 뛰어놀던 곳, 마당에서 삼겹살을 구워 먹던 곳이다.

동네 바로 뒤가 북한산인데 10분만 올라가도 시원한 바람을 맞으며 은평구 전역을 감상할 수 있다. 동네 끝자락에 자리한 불상을 지나 거북바위에 이르러 아래로 내려다보면 초록색 대문과 함께 마당 넓은 우리 집이 보였고, 그곳에서 '엄마' 하고 부르면 그 소리를 듣고 가족이 나와 손을 흔들어 주었다.

신학을 공부하는 두 형제가 어릴 적에 올라 장래를 논하던 곳에 다시 서니 마치 고향에 온 듯하여 마음이 풍족해졌다. 바람이 임의로 불고 어디로 와서 어디로 가는지 알지 못하는 것처럼, 지난 30년의 삶도 그렇게 흘러왔다. 바람의 길을 예측할 수 없지만 신선한 공기는 새로운 활력을 준다. 어쩌면 길이 난 곳으로 바람이 가는 것이 아니라, 바람이 가는 곳이 길이라는 생각도 든다.

진리에 대한 식욕

새벽 설교를 위해 본문을 묵상하다 재미있는 장면을 만났다. 히브리서 저자가 멜기세덱에 대하여 설명을 이어 가려다가 독자를 향해 "할 말이 많지만 너희가 듣는 것이 둔해서 그만한다"라고 쓴 것이다. 그러면서 "때가 오래되어 너희가 이제는 당연히 가르치는 직분을 감당해야 하는데, 여전히 젖이나 먹어야 할 자가 되었다"라고 질책했다(히 5:11~12).

어른이 젖병을 물거나 손가락을 빨고 있다면, 여전히 이기적이고 자기중심적이고 쉽게 삐지고 고집을 부린다면, 그처럼 끔찍한 일은 없을 것이다. 그런데 실제로 공동체 안에서 그런 일이 일어난 것이다. 이제 그 정도 신앙 경력이면 단단한 음식을 먹고, 지각을 사용해서 선악을 분별하고, 영적인 부모의 역할을 감당해야 하는데, 여전히 누군가의 도움을 받아야 하는 사람을 보며 저자는 씁쓸함을 감추지 못하고 있다.

진리의 말씀을 통해 성장하고 성숙해지는 과정은 한 방에 이루어지지 않는다. 오랜 시간 성경을 읽어 가는 지난한 과정이 필요하다. 어느 순간 성경이 내 삶을 읽어 들어올 때, 진리의 말씀 앞에서 마치 어린아이와 같이 순수한 마음으로 하나님의 임재를 누리며 하나님을 더 알아 가고 싶은 마음이 일어난다.

가만히 있어도 숨이 턱 막히는 날씨, 습하고 무더운 계절에 시원한 소식을 들었다. 중고등부 교사들이 두 팀으로 나눠 매주 평일 저녁에 공과 공부를 미리 준비한다는 것이다. 인도하는 사람도 없는데 자발적으로 준비하는 것이다. 요즘에 히브리서 말씀을 묵상하는 중이라 조금 어렵지 않은지 물어봤더니, 계속 반복해서 읽으면 눈에 들어온다는 이야기를 했다. 성경을 읽고 서로 나누며, 학생들에게 전하기 위해 요약해 가는 과정에 이미 많은 은혜를 누리는 듯하다.

목사의 특권은 먼저 말씀을 여러 번 읽고 연구하며, 정리할 수 있다는 것이다. 또한 정리한 것을 나누면서 말씀이 내면화된다. 교사의 특권도 결국 말씀이다. 사역이라는 것 자체가 탈진의 위험성을 늘 안고 있다. 채워져야 나눌 수 있는데, 채우지 않고 내 것을 주다 보면 버거운 상황이 계속되고 그로기 상태에 빠지다가 결국 포기해 버린다. 하지만 말씀으로 채워지면 버거운 상황을 여유롭게 대처하고 하나님이 주시는 기쁨으로 무장된다.

맛집 찾아다니고, 먹방은 대세가 된 지 오래되었는데, 진리에 대한 식욕은 떨어진다. 이런 시대 동료 교사들과 매주 평일 저녁에 모여 말씀을 정리하고 나눈다는 이야기를 들으니 나 역시 진리에 대한 식욕이 더 올라온다. 고생하는 선생님들을 위해 시원한 커피를 대접해야겠다.

어부의 기도

주님,
저로 하여금
죽는 날까지
물고기를
잡을 수 있게 하시고
마지막 날이 찾아와
당신이 던진 그물에
내가 걸렸을 때

바라옵건대
쓸모없는 물고기라 여겨
내던짐을
당하지 않게 하소서.

17세기 작자 미상의 글이 마음을 적셨다. 어부의 그물질은 가족의 먹거리를 책임지는 숭고한 몸부림이다. 죽는 날까지 하늘을 우러러 한 점 부끄럼 없는 삶의 시작은 먹고 사는 일에 충실한 것이다. 평범해 보이는 일상은 기도를 통해 거룩함을 입는다. 일용할 양식을 구하는 일은 죽는 날까지 물고기를 "잡을 수 있게" 하시는 하나님의 특별한 은혜에 속한다.

그러나 어부의 기도는 먹고사는 현실 그 너머를 바라본다. 인생의 마지막 날, 주인의 즐거움에 참여할 것인가 아니면 내던짐을 당할 것인가. 인생의 겨울, 마지막 날이 찾아올 것을 내다보며 주님의 그물에 걸리면 어떤 대접을 받을 것인지 생각하는 시인의 마음에 내 마음도 울컥한다. 그 두려움이 변하여 기도가 되고, 작품(poiema)이 되고, 시(poem)가 되었으면 좋겠다.

주께 드릴 열매 가득 안고 땅끝에서 주님을 뵈었으면 좋으련만. 내 삶을 돌아보니 변화는 더딘 것 같고, 시간만 주책없이 흐른다. 저녁이 되고 아침이 되니 첫째 날이 되어야 하는데, 벌써 한 주가 지나간다. 아파트는 계속 올라가고 나무는 붉은 옷을 갈아입었다. 가을에게 미안하다.

아는 만큼 전한다

지난 2주간 '찾는이와 함께하는 예배'를 드렸다. 대략 50여 명이 새로 교회에 왔는데, 오히려 교역자들이 놀라움을 금치 못했다. 유명한 이를 초청하지도 않았고 특별한 행사 없이도 전도 축제에 50명이 오는 것은 전에 못 보던 일이라고 했다.

예전에 유명 스포츠 감독을 초청하려고 알아본 적이 있었는데 사례가 최소 2백만 원 이상 된다고 해서 접은 적이 있다. 대형 교회는 가능하다. 돈이 많으니 유명한 연예인이나 스포츠 스타를 부를 수 있다. 그럼 동기부여가 되고, 성도는 자부심이 생긴다. 꼭 나쁘다고 생각하지 않는다. 필요하면 할 수 있다.

교회가 북적거리고 사람이 많이 모이는 것을 싫어할 사람이 누가 있겠는가. 돌아다니면서 간증하고 성공 사례를 나누고 돈을 벌기 위해 복음을 파는 장사꾼이 아니라면, 진실하게 자신의 삶을 나누고 하나님이 역사하신 부분을 이야기할 수 있는 이라면 그런 분들은 초청하고 싶다. 함께 은혜를 나누고 싶다.

하지만 그것이 주가 되거나 메인이벤트가 되어서는 안 된다. 전도는 내가 사랑하는 이들에게 줄 수 있는 최선의 카드다. 우리 인생의 방식이며, 과정이며, 목적이다. 내 삶에 예수님이 어떤 의미가 있는가를 점검하는 시간이 전도 축제라 생각한다. 나는 늘 약장수와 같은 이를 경계한다. 약장수는 그 약을 진짜 먹지 않고도 약을 팔 수 있다. 말을 잘하거나 사람들을 울리거나 웃기거나 호소를 하면 넘어갈 수 있다.

복음은 그것이 불가능하다. 성령의 역사와 복음의 능력과 지혜는 돈 주고 사 오거나 흉내 낼 수 있는 부분이 아니다. 아는 만큼 누릴 수 있고, 변화된 만큼 나눌 수 있다. 세상이 많이 바뀌었다. 열정도 필요하지만 지혜가 있어야 한다. 그래서 전도가 어렵지만 얼마든지 삶 속에서 진정성을 가지고 다가갈 수는 있다. 특별 행사도 필요하면 해야 하지만 교회가 증언하는 진정성은 예수를 실제로 따르는 교회 자체에 있다.

전도 축제 이후 전도에 대한 고민은 더 깊어진다. 전도지 한 장 만드는 것에도 심혈을 기울여야 한다. 옥상에서 고기를 구워 먹는 자리에 방문했던 중고등학생들과 라면을 끓여 먹는 자리에 왔던 초등부 아이들을 위해 기도한다. 주일에 진행하는 청년부 토크 콘서트에 방문하는 청년들을 위해서도 기도한다. 우리 성도의 권면을 통해 방문한 이들의 발걸음에 복을 주시기를 구한다.

나는 예배자입니다

추수감사주일 절기에 맞춰 예배팀에서 온 가족 예배를 기획했다. 보고서를 읽으며 우리 교회가 추구하는 하나님 나라를 살아 내는 온 가족 공동체의 의미를 담고 예배의 기쁨과 전통을 이어 갈 수 있겠다는 생각이 들었다. 기존 예배의 틀을 깨지 않고, 행사를 치른다는 느낌을 주지 않아 좋았다. 교회를 향한 헌신과 섬김의 의미를 회복하고, 자녀들을 격려할 수 있는 시간이 되기를 기대하면서 기도했다.

온 가족 예배는 주일 새벽 노숙인 섬김을 통해 시작되었다. 자녀들 다섯 명이 참석했다. 다음 세대가 어른들과 함께 안내를 서고, 찬양팀을 구성하고, 대표기도와 성경 봉독을 준비했다. 초등부 찬유는 장로님과 손을 잡고 강단에 올라 기도했는데 아직도 낭랑한 음성이 귓가를 울린다.

성경 읽기는 유치부 하준이가 준비했다. 설교를 준비하면서 본문이 길어 고심했지만, 설교 중심의 예배가 아니라 말씀 중심의 예배를 기대하며 본문을 줄이지 않았다. 하준이는 총 열아홉 절을 한 자 한 자 손으로 짚어 가며 읽었다. 모든 성도가 하나님의 말씀을 듣는다는 마음으로 가슴 졸이며 들었고, 마지막에는 '아멘' 대신 박수가 터져 나왔다. 성가대원은 자녀와 함께 찬양을 불렀는데 그 어느 때보다 소리가 풍성하고 아름다웠다.

헌금은 최무이 집사님 가정에서 봉헌했는데 보기만 해도 든든했다. 최부시 장로님이 수요일에 전화해서 주변 어르신들의 부러움을 많이 받았다는 이야기도 전해 주었다. 축도 전에는 다음 세대를 축복하기 위해 모두 강단으로 초대하여 〈나는 예배자입니다〉를 함께 불렀다.

예배의 감동과 여운이 가시지 않는 월요일, 이화순 집사님으로부터 전화가 왔다. 약간은 상기된 목소리로 "목사님, 어제 예배가 너무 좋았어요. 온 가족 예배 자체도 좋았지만, 우리 목사님이 강단에서 흥분하시고 좋아하시는 모습을 보니까 나도 너무 좋았어요"라고 했다. 주변 찾는이들에게 온 가족 예배의 감동을 소개하면서 참석을 권면하고 있다고 했다.

예배당을 보면서, 아이들이 북적거리며 찬양했던 예전 일들을 회상하면서 마음이 무겁고 답답했는데, 이렇게 아이들과 함께 찬양하니 벅찬 감격이 몰려왔다. 흥분하는 것이 당연하다. 감동이 와서 청소년들에게 올해 안에 '마라탕'을 사 주겠다고 약속했다. 지갑이 거덜 나도 아이들이 행복했으면 좋겠다. (믿거나 말거나) 마라탕의 원래 이름은 '마라나탕'이라고 한다.

잠언, 욥기, 전도서

전도서는 나에게 쉬우면서도 어려운 책이었다. 잠언은 아귀가 맞는 느낌이다. 어떤 원인이 있을 때, 결과가 나온다는 인과응보의 사상은 이해하기도 받아들이기도 편안하다. 하지만 전도서는 뭔가 좀 이상했다. 주제가 하나로 모아지지 않았다.

그런 전도서 설교를 준비하기 위해 관련 서적을 읽어 보니 잠언과 욥기, 전도서의 상호 연관성을 알게 되었다. 잠언의 명쾌함과 더불어 조금은 답답했던 부분이 욥기에서 약간 풀리고, 다 풀리지 않는 신비로움은 전도서를 통해 좀 더 해결되는 느낌이었다. 잠언에서 말하는 지혜, 욥기와 전도서에서 말하는 지혜가 각각 다르다는 사실도 알게 되었다.

우리 인생의 여정 가운데 잠언과 욥기의 교훈이 필요한 이들이 있다. 그리고 전도서의 교훈을 이미 헤아리는 이들도 있다. 목회 현장에는 이 세 부류가 복합되어 있기 때문에 잘 구분해야 한다는 사실을 배운다. 욥기의 교훈이 필요한 이들에게 잠언의 지혜를 가지고 들이대면 상처를 받는다. 전도서의 지혜를 모르고, 욥기나 잠언의 지혜만 들이대면 인생을 이해하는 데 한계가 있다.

내가 가끔 유진이에게 이야기해 주는 것은 잠언의 지혜다. 인과응보의 사상을 심어 준다. 하지만 어느 정도 연배가 된 분들과 대화를 나눠 보면, 전도서의 맥락에서 삶을 바라본다. 그런 분들에게는 잠언의 옷이 맞지 않는다. 이해할 수 없는 고난의 시기를 지나는 이들에게도 잠언의 옷은 살에 가시가 된다. 그럴 때는 욥기의 살을 발라 가시를 빼고 나누어야 한다. 유치부나 초등부 아이들에게는 전도서의 옷이 너무 커서 맞지 않을 수도 있다.

처음 음식을 만드는 사람은 유튜브 선생님의 매뉴얼을 보면서 그대로, 정확히 따라서 한다. 하지만 경험치가 쌓이면 감에서 손맛이 나온다. 그래서 동일한 재료를 사용해도 가정마다 음식의 맛이 다르다. 같은 본문을 놓고 설교해도 설교자마다 특성과 맛이 다른 것과 마찬가지다.

서로 다른 맛을 내기 때문에 갈등이 생기기도 하지만, 그 다른 맛이 어우러진다면 우리 인생은 더 맛이 날 것이다. 목회 현장에도, 우리의 인생살이에도 어려움이 많지만 잠언과 욥기와 전도서의 지혜가 적절하게 공급되었으면 좋겠다.

벌써 12월 중순. 올 한 해도 순식간에 지나왔다. 겨울철 입김과도 같은, 화살처럼 빠르게 날아가는, 어둠이 일찍 찾아오는 겨울과 12월, 전도서는 서로 어울린다. 잠언과 욥기와 전도서의 지혜를 오가는 우리의 인생. 영원에 비하면 순간을 사는 우리에게 그리스도의 오심이 가장 큰 선물이 되기를.

☕ 사사기의 인간

사사기를 묵상하며 수많은 인간 군상을 만났다. 펄떡이는 물고기처럼 이야기는 생생하게 움직인다. 입체적이고 역동적이다. 을씨년스러운 분위기로 출발하여 치명적인 내리막길이 반복되고, 사사의 등장으로 평정되는가 싶더니 계속해서 하강 곡선을 그린다. 마지막 레위 사람과 첩의 이야기는 몹시 고통스럽다.

어쩌면 지극히 평범하거나 큰 이슈가 없는 사람이 제일 나아 보인다. 어려서부터 수없이 들어 왔던 기드온과 입다와 삼손의 모습 속에서 숨겨진 인간의 욕망을 본다. 소심했지만 폭력적이고, 겸손했지만 권위적이고, 순종했지만 사익을 추구한다. 과거의 상처가 자신을 증명하는 기회로 탈바꿈하고, 함부로 입을 열었던 결과가 예상치 못한 고통과 슬픔을 가져온다.

갈등의 전조는 분열의 위기를 가져오고, 부주의함은 미묘한 타협을 이룬다. 개인의 원한을 갚기 위해 은혜와 자원을 남용하고, 하나님을 성공의 도구로 이용한다. 각자 소견에 옳은 대로 행하며 정체성을 상실하고, 자신의 욕구를 충족하다가 결국 조롱거리로 전락한다. 무너지고 부서지고 깨지고 죽어야만 무엇인가를 새로 시작할 수 있는 지난한 과정이 반복된다.

정체성을 상실한 레위 사람은 돈과 권력의 포로가 되고, 개인의 복을 빌어 주는 충성스러운 애완견으로 전락한다. 특히 사사기 19장은 가장 읽기 어려운 곳이다. 읽을 때마다 고통스럽다. 과잉 친절은 본질을 흐리게 만들고, 무심한 인격은 가정을 파탄으로 만든다. 약자는 사회의 모든 불의를 온몸으로 받아 내야 하며 발언권이 전혀 없다. 누구도 대변해 주지 않는다. 하지만 침묵으로, 죽음으로 더 큰 메시지를 무겁게 전달하고 있다. 자신의 잘못은 감추고, 상대의 잘못을 과대 포장할 때 승자 없는 전쟁이 시작된다.

사사기에 나오는 다양한 인간 군상 가운데 나도 언뜻 보인다. 여기서 조금, 저기서 조금. 부인할 수 없는 사실이 괴롭다. 죄는 복잡하고 다양하다. 보이는 면보다 보이지 않는 영역이 더 많다. 생각이 많은 어른보다 해맑게 웃는 아이가 더 행복해 보인다. 사사기는 포장되어 있는 인간의 욕망, 신앙의 이름으로 덮어 놓은 이기적인 본성을 파헤친다.

'고요한 밤, 거룩한 밤'이 기다려지는 계절을 보내고 있다. 문득 아기 예수를 찾아왔던 동방박사들이 생각난다. 머나먼 길을 견디고 버티며 반짝이는 별을 따라 사심 없이 찾아왔던 그 해맑음이 부럽다.

☕ 빚진 마음으로

2012년 《청년아 때가 찼다》를 읽으면서 이 땅에 임한 하나님 나라의 영광을 맛보았다. 20대 초반에 읽었던 《하나님의 열심》이 성경을 읽는 안목을 열어 주었다면, 이 책은 목회의 방향을 설정해 주었다. 복음의 포괄성, 총체적인 면을 받아들이며 목회를 해야겠다고 다짐한지 얼마 지나지 않아 담임 목회를 시작했다.

목회를 앞두고 고민하고 있을 때, 책의 저자 김형국 목사님은 복음을 전하라는 권면을 하셨다. 하나님 나라 복음으로 교회를 세우는 '하나복 운동'에 함께하자고도 하셨다. 하지만 안양에 오고 나서 3년이라는 시간은 전통을 이해하고, 새로운 상황에 적응하는 과제가 더 무거웠다.

《풍성한 삶의 기초》를 사용하여 구역장들과 정기적인 모임 시간을 가졌지만 책을 제대로 활용하지 못했다. 신학과 목회 철학이 부재한 상태에서 프로그램으로 돌리려 하니 맛은 보았지만 소화가 되지 않았다. 2017년 하나복 세미나에 가서 기초 강좌뿐 아니라 심화 강좌를 듣고 치열하게 배우는 과정을 통해 조금씩 대안을 찾게 되었고, 2018년부터 지금까지 한 사람씩 붙들고 씨름하는 일을 계속하고 있다.

몇 년 전부터 하나복 운동의 조장으로 섬겨 달라는 제의가 있어 왔다. 하지만 여전히 교회의 상황이 만만치 않았고, 마음의 여유도 없었다. 그런 와중에도 끊임없이 하나복 운동을 통해 큰 은혜를 입었고, 결국 목회 상황의 변수에 큰 그림을 가지고 대처하는 토대를 마련해 준 하나복을 위해 빚진 마음으로 참여하게 되었다.

숨 돌릴 틈 없이 진행되는 강의와 조별 나눔을 통해 지난 5~6년의 시간, 조금 더 확장해서 10여 년의 시간을 되돌아보았다. 그동안 하나님이 우리 가운데 어떤 일을 하셨고 우리 교회는 지금 어떤 상황인지 성찰하며 앞으로 5년 후, 10년 후의 일을 가늠해 본다.

사람을 관리하거나 프로그램을 돌리는 차원이 아니라 한 사람의 회심을 돕고, 지속적으로 성장하며, 제자가 되어 진실한 공동체를 세우고자 하는 본질. 그 하나 붙들고 피곤과 싸우며 2박 3일을 채우며 빚진 마음을 조금이라도 갚아 나갔다.

가슴에 부딪혀 오는 수많은 깨달음, 하나님 나라 복음의 광대함을 붙들고 치열하게 씨름할 것이다. 지난 10년간 땅을 골라 이제 막 싹이 나기 시작한 상황, 함께 교회를 세워 가는 동역자들도 점점 일어나는 상황. 감사의 마음이 지친 몸을 안아 주었다.

통합된 인격 안에서

자기 자신을 객관화시켜 제대로 살펴보는 것은 참 어려운 일이다. 어쩌면 불가능한 일인지도 모른다. 외부의 공격이 있거나 인정을 받지 못할 때, 스스로 위축되거나 변명하거나 발끈하거나 감정 소모를 하는 이유가 있다면 들키고 싶지 않은 부분을 들켜서 그랬을 가능성이 있다.

내가 읽은 것이 나라고 생각하며, 내가 설교한 것을 내 신앙의 수준이라 생각하는 이들이 있다. 하지만 자기 성찰이 제대로 되지 않았을 때 그 간격은 벌어지고, 벌어진 공간은 위선과 눈가림과 정죄와 비난으로 채워진다.

하나님은 너를 만드신 분/ 너를 가장 많이 알고 계시며/ 하나님은 너를 만드신 분/ 너를 가장 깊이 이해하신단다/ 하나님은 너를 지키시는 분/ 너를 절대 포기하지 않으며/ 하나님은 너를 지키시는 분/ 너를 쉬지 않고 지켜보신단다

목회자 수양회에 왔다. 첫날 함께 〈하나님은 너를 만드신 분〉 찬양을 부르는데, 가사가 새롭게 와닿았다. 그 고백에 흠뻑 젖어 들었다. 어쩌면 글로 읽고, 설교를 통해 수없이 전한 말이기도 하다. 그런데 정작 이 내용을 나 자신에게 적용하는 것에는 서툴렀다. 늘 다른 이들을 위해 무엇인가를 준비하고 나누며 살았는데 정작 나는 소화하지 못하고 대충 넘긴 것이다.

느슨한 일정 덕에 유명산을 지나 어비산 꼭대기, 산중 깊은 곳에서 홀로 있는 시간과 여유를 누렸다. 찬양을 통해, 침묵의 시간을 통해 나 자신을 그 가사에 노출시키고 있는 그대로 받아들였다. 누구를 가르치기 위한 것이 아니라 순전히 나 자신을 위해서다.

하나님은 그저 나를 원하시는데, 나를 통해서 어떤 결과물을 원하시는 것처럼 살았다. 하나님은 나를 수단으로 삼는 분이 아닌데, 하나님이 나를 이용하시는 것처럼 살았다. 그냥 나를 좋아하시고 나를 목적으로 삼는 분인데 동동거리며 살았다.

나 자신이 아닌 다른 사람으로 산다는 것은 얼마나 피곤한 일인가. 다른 사람이 아닌 나 자신으로 사는 것은 얼마나 자유로운 일인가. 목회 여정에서 정체되어 불편한 마음을 감수할 수밖에 없는 상황에 대한 고민을 안고 산에 올랐는데, 하나님은 내가 성장하기를 원하신다는 사실을 깨달았다. 마음이 한결 가벼워진 상태로 내려왔다.

마치 하나님의 품으로 둘러싸인 듯한 곳에서 먹고 자고 놀고 교제하고 강의 듣고 예배하며 쉼을 누렸다. 목회 여정에 대한 몇 가지 새로운 도전과 깨달음도 얻을 수 있었다. 통합된 인격 안에서 나 자신으로 살아가며 성장하기를!